Wandlungsphasen

Für meine Eltern

Stephanie Menn

Wandlungsphasen

Meine Reise zum Ich

Bibliografische Information der Deutschen Nationalbibliothek:
Die Deutsche Nationalbibliothek verzeichnet diese Publikation in der Deutschen Nationalbibliografie;
detaillierte bibliografische Daten sind im Internet über http://dnb.dnb.de abrufbar.

© *2020* **Stephanie Menn**

Illustration: **Olli Donat**

Herstellung und Verlag: BoD – Books on Demand, Norderstedt

ISBN: 978-3-7526-8728-6

Liebe Mitreisende,

Lebenswege wollen begangen und erkundet werden.
Expeditionen in immer wieder neue Situationen und Begegnungen.
Innerlich wie auch äußerlich neue Facetten und Seiten erkennen dürfen.
Dieses Buch bietet Ihnen die Möglichkeit auf Reisen zu gehen, entweder von Anfang bis Ende, in Etappen oder sprunghaft einzutauchen, ganz wie es Ihnen gefällt.
Die Texte beinhalten verschiedene Betrachtungsebenen und Sie allein entscheiden, wie Sie den Text lesen, verstehen und annehmen möchten.
Die Texte können als Auseinandersetzung mit sich selbst, als Spiegel verwendet werden, damit Sie mehr über Ihre verschiedenen inneren Anteile erfahren und sie integrieren können.
Sie können die Texte aber auch als Dialog zwischen sich und Partner, Freunden, Familienmitgliedern, Gesellschaft oder einem höheren Ganzen auffassen und damit die Texte noch einmal auf eine ganz andere Art und Weise betrachten und wirken lassen.
Egal, wie Sie sich entscheiden, ob Sie Ihren Fokus auf nah oder fern einstellen, ich wünsche Ihnen viel Freude beim Entdecken von verschiedenen Aussichtspunkten aus.
Genießen Sie die Reise und die Zeit mit sich.

Stephanie Menn

Ab durch die Mitte

Wahl getroffen.
Entscheidung gefällt.
Der Weg ist klar.
Die Klinke in der Hand.
Ich nehme die Mitte,
den goldenen Weg.
Von allem etwas.
Er verbindet die Seiten,
schafft Frieden zwischen den Fronten.
Er ist das fehlende Puzzlestück.
Er zeigt auf, wie auch Extreme ihren Weg zueinander finden können.
Ohne die Mitte – kein Verständnis
Ohne die Mitte – nur verschiedene Richtungen
Mitte ist Treffpunkt, Startpunkt, Endpunkt
Mitte ist Ausgleich
Mitte ist Ruhe und Stille
Mitte beinhaltet alles von Anfang bis Ende.
Mit der Mitte entscheide ich mich für das Ganze, für alle Teile,
den gesamten Umlauf und das Nichts.

Abrufbereit

Bitte halte Dich bereit,
wenn ich Zeit habe.
Ich habe nur kleine Zeitfenster
Und melde mich spontan,
wenn ich Lust habe.
So organisiere ich meine Tage
Und gehe davon aus,
dass Frau springt, wenn es mir passt.

Hallo Cowboy,
ich bin ebenfalls eine selbstbewusste,
selbstbestimmte und vielseitig organisierte Frau.
Ich habe auch kleine Zeitfenster
Und wenn Du in Kontakt mit mir kommen möchtest,
solltest Du Dir etwas Anderes überlegen.
Ich bin wie Du.
Bei mir siehst Du wie Dein Leben auf andere wirkt.
Also, wenn Du etwas von mir willst, schaffe Freiraum,
damit wir uns in aller Ruhe begegnen können.
Denn das kennst Du so nicht.
Ich bin nicht terminierbar, buchbar, organisierbar.
Treffen mit mir sind anders, auf Augenhöhe,
ein gleichberechtigter Austausch mit vielen
Gestaltungsmöglichkeiten.
Die Frage ist nur: „Nimmst Du diesen Freiraum an?"

Abschied nehmen

Du gehst. Ich bleibe.
Habe ich dir schon mal gesagt,
Was du mir bedeutest?
Was ich von dir gelernt habe?
Was du für mich bist?
Viel zu oft haben wir nur die alltäglichen Pflichten miteinander geteilt
und den Menschen dahinter kaum beachtet.
Es ging oft nur ums Erfüllen, Machen, Organisieren.
Aber es gibt noch viel mehr.
Wenn ich nur die Pflichtebene betrachte,
Werde ich dir nicht gerecht.
Denn diese ist oberflächlich und irgendwann vorbei.
Dann wird jemand anderes die Blumen gießen,
den Kuchen backen und die Wohnung putzen.
Du bist viel mehr als das gewesen.
Nur allzu oft unter all den Alltagspflichten verdeckt.
Du bist zart, liebevoll, genügsam und zurückhaltend.
Du hast eine enge Bindung zur Natur.
Du liebst Blumen, Blüten und die Schönheit.
Du bist ein zartes Wesen.
Ich danke Dir, dass ich all das mit Dir erspüren durfte.
Ich nehme Deine Zartheit mit,
Werde sie aber mit Dornen kombinieren,
Damit diese Rose ganz in Ruhe ihre Schönheit zeigen darf.

Ich liebe Dich!

Achtung Mienenfeld

Hier herrscht eine hochexplosive Stimmung.
Das Knistern liegt schon in der Atmosphäre
Und die inneren Antennen sind in Alarmbereitschaft.
Ein falscher Schritt und das nächste Fass läuft über
und die Bombe explodiert.
Hier ist Vorsicht angesagt,
um keinen Trümmerhaufen zu hinterlassen
oder selbst zu einem zu werden.
Hier braucht es Feingefühl, Geduld und starke Nerven.
Ich nähere mich jeder Miene,
umkreise sie und suche nach der Möglichkeit,
sie am leichtesten unschädlich zu machen.
So schaffe ich neuen Freiraum und Bewegungsspielraum.
Ich bin ein Mienensucher mit feinem Gespür
Und die Mienen, mit denen ich arbeite, sind emotionale Altlasten.
Denn diese lagern jahrelang im Untergrund
Und aktivieren sich dann scheinbar ganz plötzlich
Und keiner versteht den Grund mehr für diese Reaktion.
Ich habe keine Lust mehr auf emotionale Mienenfelder.
Ich räume mein Feld auf,
damit man sich bei mir ganz angstfrei und entspannt bewegen
und das Leben genießen kann.
Schritt für Schritt
Kommst Du mit?

Achtung Verwechslungsgefahr

Da habe ich wohl einiges verwechselt in meinem Leben.
Und es ist Zeit zu sortieren, klarzustellen und zu ordnen.
Schwere ist nicht gleich Halt.
Treue heißt nicht Selbstaufgabe.
Liebe ist nicht gleich Einschränkung.
Leben ist nicht gleich Last.
Freiheit heißt nicht, alles andere zu ignorieren.

Wie heißt es nun für mich?
Was ist meine eigene Sicht?

Halt kann leicht sein.
Liebe darf weit sein.
Freiheit kann andere so lassen wie sie sind.
Leben darf fließen, sprudeln und Spaß machen.
Treu darf ich mir und meinem Herzen sein.
Also, ab und rein.

Achtung

Meine Herkunft zu kennen,
macht mich achtsamer im Umgang mit mir selbst.
Ich werde weicher, liebevoller, nachsichtiger
Und passe besser auf mich auf.
Ich weiß, welche Liebe mich begleitet,
wie tief sie ist und welchen Reichtum ich in mir trage.
Dies wissend, sehe ich mich mit anderen Augen.
Ich werde gelassener, ruhiger und kann sein, was ich bin.
Das Rennen hört auf.
Ruhe stellt sich ein. Ich schließe Frieden mit mir selbst.
Wiedervereint. Es war nie anders gemeint.

Akzeptanz

Die Umstände sind so wie sie gerade sind.
Innerlich beginnt ein Tumult, ein Schmollen,
ein sich Wehren, ein Protest.
Ich kann jetzt viel Energie in dieses Wehren hineingeben,
mich ganz hinein steigern.
Aber letztendlich wird es nichts bringen.
Die Umstände sind aus hartem Stein, unverrückbar.
Ich würde mich im Kämpfen nur aufreiben.
Mit dieser Einsicht fange ich an,
die Gegebenheiten zu akzeptieren.
Ich kehre zur Ruhe zurück.
Ich kehre zu mir zurück
Und gehe meinen Weg weiter.
Ich nehme die Felsblöcke und Schluchten als Orientierungspunkte
Und folge diesem Weg.
Denn auf der anderen Seite helfen sie mir auch dabei,
bei mir zu bleiben, mich zu sammeln
und auf mich zu konzentrieren.

Allein und doch nicht einsam

Ich bin ich, da gibt es keinen anderen in mir.
Ich bin ich, nicht Du.
In mir bin ich mit mir allein.
Da ist nichts Anderes.
Nichts, was mich von mir ablenkt und trennt.
Ich bin ich in allen Facetten
Und mit all dem Reichtum, den ich in mir trage.
Denn „Ich" ist tief, weit, unendlich.
„Ich" lässt sich nicht eingrenzen, bestimmen und festlegen.
„Ich" ist immer wieder neu, anders, überraschend, ungewohnt.
„Ich" sein heißt allein sein.
Ich sein. Allein sein. Voll sein vom „Ich" sein.

Alltag

Was will dieses Wort mir sagen?
Routine, Funktionieren, Abarbeiten von Aufgaben,
Abhaken, die Punkte nach und nach erledigen?
Manchmal mich mehr tot als lebendig fühlen?
Ist Alltag wirklich so gemeint?
Ich glaube, hier braucht es eine neue Betrachtungsweise.
Alltag enthält die Möglichkeit zur größtmöglichen Fülle und Auswahl.
Alles kann an diesem Tag passieren.
Alles darf an diesem Tag sein.
Betrachte ich es so,
wird dieser Tag wieder spannend.
Ich darf neugierig sein
Auf die Begegnungen,
auf die Handlungen,
auf die Berührungen,
auf die Einblicke,
auf die Ausblicke,
auf den Austausch zwischen mir und meinem Umfeld.
Alltag – ein Alles-Tag

Anerkennung

Meine Schritte richte ich nach der Anerkennung von außen aus.
Gibt es ein Ja, gehe ich weiter.
Gibt es ein Nein, bleibe ich stehen.
Mir ist die Meinung der anderen wichtig.
Ich hätte sie gerne als Unterstützung dabei.
Es gibt aber Punkte,
da ist die Anerkennung durch außen nur eine scheinbare
Unterstützung.
An diesen Punkten unterscheidet sich mein Weg
vielleicht auch vom Weg aller anderen.
An diesem Punkt muss ich die Entscheidung ganz allein für mich
treffen.
Ich treffe sie einsam,
gebe sie nach außen
und erwarte keine Anerkennung.
Ich gehe diesen Weg,
weil ich weiß, dass ich ihn gehen muss.
Das ist mein Weg
Und darin gibt es auch Passagen,
die ich nur für mich gehe und erlebe
ohne Lob, Anerkennung und Medaillen.

Ankommen

Ich glaube, ich habe Ankommen nie richtig verstanden.
Ich dachte immer,
Ankommen hätte etwas mit gebunden sein, Enge und Zwang zu tun.
Auf eine bestimmte Art und Weise sein zu müssen,
damit ich in das Schema Familie, Partnerschaft, Arbeit usw. passe.
So habe ich mich beim Ankommen nie wohl gefühlt,
wurde allergisch gegen mich und mein Umfeld.
Ankommen heißt etwas Anderes.
Ich darf sein, wie ich bin.
Ich liebe mich wie ich bin.
Ich werde geliebt, wie ich bin.
Auf dieser Basis entstehen dann gemeinsame Projekte
in unterschiedlicher Zusammensetzung mit mir als vollwertigem
Mitglied.
Auf dieser Basis ist alles möglich.
Ich kann kommen und gehen.
Ich kann mitmachen und auch alleine sein.
Ich darf kreativ sein und mich verwöhnen lassen,
Es ist ein Wechselspiel,
ein Austausch auf freiwilliger Basis,
aus Liebe gewählt,
mit Freiheit gestaltet.
Unbegrenzt variabel und unser Austausch bestimmt den Kurs.

Ausblick

Weiter Blick, Fernsicht
So breite ich meine Flügel aus und lasse mich tragen.
Meine Spannweite ist groß.
Mein Blick ist scharf.
Ich lasse mich gleiten,
führen von den Elementen.
Ich folge ihrer Spur,
lese sie, spüre sie,
innen und außen
Ohne Unterschied
Ein Teil im Ganzen
Untrennbar verbunden
Ich darf so kreisen.
Ich darf meinen Flug genießen.
Ich darf diese Einheit spüren.
Ich darf mich davon ganz ausfüllen lassen.
Egal, für was ich mich entscheide,
ich bin und bleibe Teil des Ganzen.
Was für ein Ausblick!

Ausreden

Ich habe keine Zeit! Ich brauche noch etwas Zeit!
Lass uns da später nochmal drüber reden!
Mir geht so viel Anderes durch den Kopf!
Ich bin noch nicht soweit! Das muss ich erstmal verdauen!
Lalala…Blablabla…Prost!
Ich bin überall so engagiert, da kann ich mich gerade nicht mit
beschäftigen. Das habe ich erstmal weggeschoben!
Ich muss erstmal Wichtiges klären!
Ab diesem Zeitpunkt kann ich Dir mehr sagen!
Ich trage so viel Verantwortung für andere,
da kann ich mich jetzt nicht auch noch darum kümmern.
Aber ich mache doch genau das, was Du willst.
Wenn es so wäre, würde ich mich natürlich freuen und es tragen
(ertragen?)
Ich bin gerade nicht gesprächsbereit.
Bitte versuche Dein Glück später noch einmal!
The person you called is temporary not available….

Die Liste ist unendlich erweiterbar.
Die Frage ist:
**„Möchtest Du Klärung oder im unklaren, nicht greifbaren Raum
stehenbleiben? Möchtest Du Authentizität, Echtheit und ein
greifbares, reales Miteinander?"**
**Wenn Ja, entscheide Dich, sprich es aus und tritt ein in ein
wirkliches Leben mit echtem Austausch und
Entwicklungspotential!**

Sprich es einfach aus

Lange genug habe ich mir die Auseinandersetzungen und Kämpfe
mitangesehen.
Lange genug habe ich gedacht,
ich müsste alles mitmachen und ertragen.
Das ist nicht der Fall!
Ich bin jetzt alt genug,
um zu erkennen,
dass diese Auseinandersetzungen nichts mit mir zu tun haben.
Ich trage hierbei keine Schuld
Und muss sie auch nicht länger betrachten.
Ich kann aufstehen, mich abwenden und weitergehen
Und mich nach dem Umfeld umschauen,
was wertschätzend und ehrlich ist,
mit sich und den anderen.
Ich kann aber auch aufstehen, mich beteiligen
Und meine Sichtweise einfach beisteuern,
um diesen Kreislauf der alltäglichen Machtkämpfe zu unterbrechen.
Ich darf und werde es einfach aussprechen,
was ich hier sehe, fühle, bemerke, erkenne
und worum es sich im Kern dabei dreht.
Das ist für viele ungewohnt, unbequem
Und eine Frage danach,
ob ich weiter in meinem Sumpf leben möchte
oder mein Leben um eine freudigere Sichtweise erweitere.

Benebelt

Was hast Du gerade gesagt?
Wie war das nochmal?
Ich habe es zwar gehört,
aber nicht verstanden.
Mit Deinen Worten kann ich nichts anfangen.
Sie hängen leer in der Luft.
Genauso fühle ich mich auch.
Ich verstehe es nicht,
begreife es nicht
und möchte es auch nicht.
Ich fühle mich wie im falschen Film,
in den ich nicht gehöre.
Es ist nicht mein Film,
den Du gerade entwickelst.
In dieser Position,
in der Du mich sehen möchtest,
sehe ich mich nicht.
Meine Sicht wird klar und greifbar.
Ich möchte mit Dir leben, nicht ohne Dich.
Ich möchte Dich spüren/ berühren,
nicht nur davon träumen.
Ich möchte mit Dir gestalten,
nicht nur jeder für sich.
Lauthals schreiend mache ich auf mich aufmerksam:
„Das ist nicht mein Film!"
Ende

Bindung

Ich höre das Wort und meine Nackenhaare stellen sich auf.
Panik breitet sich aus. Bindung assoziiere ich mit Gefängnis,
mit dem Verlust meiner Freiheit.
Ich schreie: „Das möchte ich nicht nochmal erleben!"
Und es gibt noch mehr, warum ich mich gegen Bindung sträube.
Warum ich mich nicht ganz auf das Leben einlassen möchte.
Schmerz, unsäglicher Schmerz, dem ich nicht noch einmal begegnen
möchte.
Ich möchte nicht noch einmal das Wertvollste in meinem Leben
verlieren, getrennt sein von dem, was ich liebe, dem ich mein ganzes
Herz geöffnet habe.
Dieser Verlust, diese Traurigkeit ist immer noch da, begleitet mich
jeden Tag und lässt mich Abstand halten von allem was tief,
unkontrollierbar und gefühlvoll ist.
Ich habe Angst vor der Weite.
Ich habe Angst vor dem Fließen.
Ich habe Angst vor dem Fallenlassen.
Ich kann jetzt weiter mit dieser Traurigkeit leben oder mutig sein.
Ich stehe zu Dir. Ich kenne Dich gut. Mit all meinem Mut begegne ich
jetzt dieser Traurigkeit, akzeptiere den Schmerz, nehme ihn in mein
Herz und lasse ihn dort heilen.
Ich weiß, dass meine Liebe groß ist. Ich weiß, dass ich viel zu geben
habe und geben möchte. Meine Liebe ist freiwillig.
Sie ist ein Geschenk und wird auch weiterleben, wenn Menschen ihren
Weg weitergehen und nicht mehr in meiner Nähe sind.

Dankbar

Fühlend immer wieder neuen Gedankenspielen nachgehend
Fühlend zwischen rechts und links, hoch und tief mich befindend
Fühlend meine neue Sicht auf das Leben genießend

Wissend, dass wir uns sehr ähnlich sind
    Wir bewegen möchten- nicht nur uns selbst.
    Wir Neues erschaffen möchten.
    Wir begeistern möchten – vor allem und zuerst uns selber.
    Wir uns in Veränderung befinden.
    Wir viele Seiten von uns lange nicht gelebt haben.
    Wir Hunger nach Leben haben.
    Wir konsequent sind.

Wissend, dass wir uns angeschubst haben.
Wissend, dass wir uns genau dafür brauchen,
um zu inspirieren, um anzuziehen, um zu aktivieren, um zu entfachen,
damit wir uns endlich auf die Suche nach dem machen, was uns ausmacht und was wir wollen.
Von ganzem Herzen dankbar seiend für diese Impulse,
auch wenn ich tief in meinem Herzen weiß,
dass es kein gemeinsamer Weg ist.
Auch wenn Du sehr viele Spuren hinterlässt.

Dankbar II

Es ist ein langer Fluss,
der mein Dasein durchfließt.
Lang, golden und endlos
Gehe ich ihn entlang,
begegne ich allen,
die vor mir hier waren,
die vor mir lebten und
deren Weisheit ich in mir trage.
Aber nicht nur Weisheit wird hier weitergegeben.
Das Wichtigste ist die Liebe,
die alles durchzieht.
Es ist die bedingungslose Liebe einer Mutter,
wenn sie ihr Neugeborenes in den Armen hält
und einfach für es da sein wird.
In dieser Liebe gibt es keine Bedingung, sie ist einfach.
Genau diese Liebe ist Grundlage des Flusses,
der mein Leben nährt, der mich durchflutet.
Es ist eine tiefe Dankbarkeit für alle,
die vor mir kamen,
die vor mir auf dieser Erde, in dieser Galaxie getanzt haben,
die mein Leben erst möglich machten.
Ich trage in Achtsamkeit diese Liebe in mein Leben,
gebe ihr Raum und Schutz
und lasse sie leuchten.
Auch für all meine Vorgänger und Nachfolger.
Ich danke Euch.

Das Leben einer Frau

Das Leben einer Frau ist anders als alle Qualitäten,
die so häufig mit Frau sein verbunden werden.
Eine Frau erträgt: Schmerzen, Situationen, Unterdrückung, Gewalt…
Eine Frau hält sich zurück,
agiert im Untergrund und spannt ihre Fäden.
Sie ist hinterhältig und nie zu packen.

Schluss damit!
Das sind Qualitäten, die nicht das wirklich Weibliche spiegeln.
Schluss mit allen Ammenmärchen, Spukgeschichten,
die davon abhalten sollen,
die echten Qualitäten zu sehen, zu erfahren und zu leben.

Weiblich ist:
pur, klar, rein, liebevoll, auffüllend, wärmend, umfangend.
Pures Dasein und angenommen Sein.
Weiblichkeit schenkt unzerstörbares Selbstvertrauen,
weil es aus mir selbst kommt.

Weiblichkeit ist ein Geschenk.

Es ist an der Zeit, die alten Hüllen von der Weiblichkeit zu nehmen
Und sie so da sein zu lassen, wie sie wirklich ist.

<u>Doppeldeutig</u>

Ich sehe die Situation aus dieser Perspektive.
Genauso ist es!
Moment mal!
Ich kann es aber auch so betrachten.
Verwirrung!
Ständig springen die Betrachtungsweisen
und ich weiß jetzt gar nicht mehr,
wie es wirklich sein soll.

Resignation! Voller Kopf! Chaos!

In dieser Situation kann ich keine klare Entscheidung treffen.
Nur eine Richtung würde dem Ganzen nicht gerecht.
Meine Entscheidung umfasst alle Perspektiven:
Vorne/ hinten
Rechts/ links
Oben/ unten
und die Mitte.

Ich nehme jede Perspektive an
und erhalte dadurch den Blick aufs Ganze.
Auf diese Weise kann ich es auch ohne Verwirrung stehen lassen,
wenn eine Situation viele verschiedene Betrachtungsweisen
offenbart.
Das ist dann keine Verwirrung mehr,
sondern Vielfalt und Bereicherung.

Dornröschen wacht auf

Ich habe lange genug geschlafen, geträumt und auf meinen Prinzen
gewartet.
Jahrelang habe ich mir die Geschichte ausgemalt:
Der erste Kuss
Das erste Treffen
Auf Händen getragen
In alle Ewigkeit
Happy End!
So langsam gehen mir die Ideen und Varianten aus und das Warten
ermüdet mich.
Wer hat mir eigentlich erzählt, dass ich hier in Ruhe warten soll?
Meine Eltern?
Gebrüder Grimm?
Damit ich bloß nicht auf eigene Gedanken komme?
Mein Schlaf hat lange genug gedauert
Und ich entscheide, jetzt aufzuwachen.
Mein Rüschenkleid hat ausgedient
Und auch das lange Haar darf gehen.
Niedlich war gestern!
Ich streife all das ab und verlasse meine rosa Welt.
Ich verlasse mein Schloss und begebe mich auf meinen Weg,
Raus aus den engen Mauern der Vergangenheit.
Hier begegnen mir wilde Landschaften,
fremde Menschen und täglich Überraschungen.
Wie gut, dass ich aufgewacht bin!

Du auch?

Ich möchte gerne das mit Dir teilen.
Ich möchte Dir meine Liebe zeigen.
Ich möchte sie darstellen mit immer neuen Taten, Worten, Gesten,
Blicken, Bildern.
Ich möchte malen in vielen Farben.
Ich möchte die Bandbreite des Lebens ermessen
Und möchte auch mit Dir die Zeit vergessen.
Ich möchte mit Dir das Leben bestaunen,
Entdecker werden und Mauern einreißen.
Ich möchte die Begeisterung teilen
Und auch schon mal in Ruhe verweilen.
Ich möchte Dich anstoßen, anregen zu Neuem,
das Gewohnte zu verlassen,
sich zu trauen und Mut zu fassen.
Immer wieder Neuland zu betreten
und sich immer wieder aufs Neue zu begegnen.
Sich immer wieder neu zu entdecken,
respektvoll die Schatten des anderen zu wecken,
um sie dann zu verstehen und anzunehmen.
Ich will Dich als Lehrer sehen und genauso Deiner sein.
Ich will Dir hilfreich zur Seite stehen und mit Dir gehen.

EHE

Da gibt es viele Vorstellungen von Dir,
die nicht zu dem passen,
was Du wirklich bist.
Du bist kein festlegender Rahmen.
Du bist Grundlage für das Entstehen von etwas Neuem, Weitem,
das frei gestaltbar ist.
Ehe ist nicht bestimmt, ist nicht fix,
sondern entwickelt sich erst durch den Austausch beider Seiten,
wie auch immer der aussieht.
Erst durch das Miteinander, den Wechsel, den Austausch
Entsteht dieses Dritte.
Diese neutrale Komponente,
die mehr ist als jeder Einzelne.
Jeder Austausch bringt einen anderen,
einzigartigen, individuellen Punkt zum Vorschein.
Nicht bestimmbar, nicht vorhersehbar,
nur spürbar und genießbar.
Für dieses dritte Element braucht es Dich und mich als lebendige
Grundlage,
um neuem Leben einen Platz zu geben.

Ehrgeiz

Ich möchte etwas schaffen, etwas tun, sichtbar werden.
Ich rufe, ich schreie:
Hallo, hier bin ich!
Seht ihr mich?
Ich versuche noch mehr, stapele höher, tiefer, breiter, weiter
In alle Richtungen dehne ich mich aus
Nur um endlich gesehen zu werden.
Die Frage lautet aber immer nur:
Siehst Du mich?
Nie, sehe ich mich?
Also, sehe ich mich?
Nehme ich mich wahr?
Nehme ich mich ernst?
Lasse ich mir die Aufmerksamkeit zukommen,
die ich brauche?
Kümmere ich mich um meine Bedürfnisse?
Achte ich meine Entwicklungen?
Entdecke ich meine Talente?
Schätze ich mich in dem, was ich bin?
Liebe ich mich in dem, was ich bin?
Gute Fragen!
Es ist Zeit, das Schreien nach außen aufzugeben
und mich selbst meiner anzunehmen.
Liebevoll, geduldig, verständnisvoll einfach für mich da zu sein.

Ehrlichkeit

Ups, da war doch etwas.
Ehrlichkeit – ja, im Prinzip schon, aber…
Das ist so eine Sache.
Klar, möchte ich Ehrlichkeit für mich einfordern
und bin beleidigt, wenn mein Gegenüber nicht ehrlich zu mir ist.
Aber wie halte ich es mit der Ehrlichkeit?
Manchmal ist Ehrlichkeit eine Herausforderung.
Wenn es zum Beispiel um meine tiefen Wünsche und Träume geht.
Dann traue ich mich manchmal nicht.
Ich glaube, mein Gegenüber wird meine Wünsche nicht mittragen,
mich auslachen,
mich vielleicht sogar verlassen.
Also behalte ich sie für mich
und versuche sie im Alleingang zu realisieren,
Im Dunkeln, gut versteckt.
Ich habe das Versteckspiel satt.
Ich habe die Geheimnistuerei satt.
Meine Wünsche dürfen an die Oberfläche.
Sie dürfen Reibungspunkte sein für mein Miteinander.
Durch diese Reibungspunkte gibt es viel zu lernen.
Viele Emotionen und Moralvorstellungen zu entdecken,
die dringend einer Generalüberholung bedürfen.
Denn gerade dadurch kommen Scham, Wut, Angst, Neid, Eifersucht,
Hass, Traurigkeit und die gesamte Palette nach oben
Und ich kann auch dort endlich aufräumen und Platz schaffen.

Eifersucht

Ich will,
dass Du nur mich liebst.
dass all Deine Aufmerksamkeit nur bei mir liegt.
Jegliches Abnehmen der Aufmerksamkeit löst Panik aus.
Was bin ich denn dann,
wenn die äußere Lichtquelle nicht mehr auf mich gerichtet ist?
Meinen Selbstwert untermauere ich durch diese äußere
Bewunderung.

Komische Abhängigkeit, die ich damit schaffe.
Abhängigkeit vom Wohl der anderen,
die ich auch noch krampfhaft am Leben halte.
Warum achte ich nicht selbst auf mich?
Warum sorge ich nicht selbst für mich?
Warum liebe ich mich nicht selbst zuerst?
Warum finde ich nicht mein eigenes Licht?
Und entlasse damit auch alle um mich herum in die Freiheit!
Endlich

Eigenverantwortung

Es ist praktisch, auf der Stelle zu stehen und zu warten,
dass die anderen etwas für mich tun.

Ich erwarte…
Ich möchte gerne…
Ich hätte gerne…
In meiner Vorstellung soll…

Das sind bequeme Anfänge,
um mich aus der Verantwortung zu ziehen.
Ich kann mich dann herrlich darüber beschweren,
dass der Andere das ja nicht so macht,
wie ich es gerne hätte.
Der Andere zieht in dieser Version des Spiels immer den Kürzeren
Und ich verstecke mich hinter der Rolle des bedauernswerten
Opfers.

Drehe ich den Spieß jetzt aber um, wird es schwierig.
Was könnte ich machen,
damit die Situation so werden kann,
wie ich es mir wünsche?
Wo habe ich Gestaltungsmöglichkeiten?
Wo liegen meine Ansätze?
Das gibt mir das aktive Handeln wieder zurück
Und ich kann selbst die Verantwortung für die Dinge übernehmen,
die mir am Herzen liegen.

Einheit

Wir haben uns lange genug bekämpft.
Wir haben uns lange genug das Leben schwergemacht.
Auf diese Art des Zusammenlebens habe ich keine Lust mehr.
Es kostet zu viel Kraft und in diesem Spiel wird es keine Gewinner geben.
Also lass uns unsere Kompetenzen ergänzen.
Du hast Deine Stärken.
Ich habe meine Stärken.
In gegenseitiger Achtung und Respekt liegt der Schlüssel zur Neuordnung.
Aus dem Gegeneinander wird ein Miteinander.
Es ist wie ein Regentropfen, der ins Wasser fällt
Und von der Mitte aus sich immer weiter ausbreitet.
Du bildest den Mittelpunkt des Ganzen, den Punkt, aus dem alles kommt.
Ich bin der Rahmen, der Teil, der das Innere immer weiter nach außen bringt.
Wir sind da für ein gemeinsames Ganzes.
Wir sind alle Teil einer Geschichte.
Wir sind alle Teil eines Lebens.
Und wir sind dafür da,
das nicht Fassbare endlich ans Licht zu bringen und spürbar zu machen.
Sind alle bereit?

Einsam

Ich bin individuell in meiner Ausdrucksform.
So wie ich ist kein anderer.
Ich kann nicht von anderen verlangen,
dass sie für mich blühen,
meinen Duft verströmen und wie ich sind.
Ich bin einsam.
Ich bin ein Samen unter unendlich vielen,
wie ein Sandkorn in der Weite der Prärie.
Es liegt an mir,
meinen Samen zu entwickeln,
innerlich Druck aufzubauen,
um zu wachsen und mich zu entfalten.
Dadurch werde ich sichtbar.
Dadurch zeige ich mich in all meiner individuellen Schönheit,
die in mir liegt.
Ich blühe um des Blühens willen,
weil es ein innerer Impuls ist,
mein Innerstes zu zeigen und zu offenbaren.
Einfach schön seiend und das nach außen tragend.

Einsamer Cowboy

Auf meiner Reise habe ich wohl Einiges verlernt.
Ich kenne die Einsamkeit, das stille vor mich hin Brüten,
die kontemplative Ruhe, das Betrachten der Weite, der Natur.
All das habe ich all die Jahre gemacht.
Für mich. Allein.
Zweisamkeit schwierig.
Mich auf mein Gegenüber einzulassen, wirklich einzulassen, oh je!
Davon habe ich keine Ahnung mehr.
Wenn es brenzlig wird, ziehe ich den Schwanz ein und verschwinde.
Das ist praktisch und ehrlich gesagt auch eine Ausrede.
Ich habe das Miteinander verlernt, das Spaß haben,
das mich Fallenlassen, das Teilen.
Das Gemeinsame ist auf meiner Reise verloren gegangen.
Ich fühle mich wie ein Sandkorn,
spüre aber kaum noch eine Verbindung zu allen anderen.

        Das heißt Trennung, Cowboy!

Ich stehe vor dem Leben, nicht mittendrin.
Für das Mittendrin bedarf es einer Entscheidung, meiner
Entscheidung.
Möchte ich mich wieder als Teil des Ganzen fühlen?
Oder möchte ich weiter allein für mich vor mich hinleben?
Die Entscheidung liegt bei mir.
Aber ein Sandkorn ohne Kontext ist ein verlorenes Sandkorn.
Und das möchte ich nicht!

Einsturz naht

Der Putz bröckelt.
Die Wand wölbt sich vor und erste Risse zeigen sich.
Es dauert nicht mehr lange und die Fassade stürzt ein.
Alles, was so lange verborgen war, darf sichtbar werden.
Vieles war gut geschützt unter dicken Schichten Mörtel
Und Versteckspiele, Ausflüchte und Ausreden funktionieren jetzt
nicht mehr.

Es ist Zeit, sich die wahren Themen anzusehen.
Es ist Zeit, sich anzuschauen, was ich solange verstecken wollte.
Es will raus und es muss raus, sonst macht es krank.
Jetzt ist Offenheit, Akzeptanz und Ehrlichkeit gefragt,
um die Strukturen von Grund auf stabil und klar aufzubauen.
Also schau ich mir an, was ich brauche.
Also schau ich mir an, was ich möchte
Und hab den Mut, es endlich auszusprechen und dazu zu stehen.
Für einen neuen, klaren, ehrlichen Anfang.

Einzelkämpfer

Ich mache alles mit mir aus.
Ich gehe alle Prozesse in mir durch.
Ich lasse keinen daran teilhaben.
Ich grenze mich nach außen ab.
So habe ich es immer gemacht.
Nur komme ich gerade an einen Punkt,
an dem ich merke,
dass mir dieses Muster mehr im Weg steht als weiterhilft.
Versuche ich nur allein vorwärts zu kommen,
bleibe ich stehen.
Umdenken ist angesagt.
Zusammenarbeiten ist angesagt.
Kompetenzen zusammenfügen ist angesagt.
Denn nur so können wir uns gemeinsam weiterentwickeln.
Und unsere eigene Begrenztheit überwinden.

Eisberg

Das, was ich von mir kenne, ist nur die Spitze des Eisbergs.
Ein kleiner Teil des großen Ganzen, der unter der Wasseroberfläche
ruht und darauf wartet, entdeckt zu werden.
Den oberen Teil kenne ich, dieser ist mir bewusst.
Aber das ist nicht alles.
Höre ich hier auf zu suchen, begrenze ich mich selbst
und bleibe auf Dauer immer auf der gleichen Stelle stehen.
Viele Menschen stoßen mich an und rütteln an diesen unteren
Schichten des Eisbergs, damit ich dort hinschaue
und mich mit meinen verborgenen Ebenen auseinandersetze.
Sie sprechen Emotionen an, die ich so noch nicht kenne.
Sie holen Seiten von mir nach oben, die mir vollkommen unbekannt
sind.
Sie graben an Potentialen, die ich nie für möglich gehalten habe.
Die wichtigsten Voraussetzungen für diesen Prozess sind
Furchtlosigkeit und Offenheit, diesem großen Unbekannten in mir zu
begegnen.
Mit dieser Einstellung gehe ich in den Austausch mit meinem Umfeld,
bin wach und schaue, um was es geht.
Elemente, die ich noch nicht kenne, bewerte ich nicht.
Denn genau das sind häufig unbekannte, weiße Flecken in meiner
Landkarte. Es sind Wahrnehmungslücken, die eine Möglichkeit sind,
neue Gebiete und Felder kennenzulernen und zu integrieren.
Damit ich Stück für Stück immer mehr über mich lerne, verstehe und
annehmen kann.
Welcome to the next level.

Eitelkeit

Spieglein, Spieglein an der Wand,
Wer ist die Schönste im ganzen Land?
Ich suche diese Spiegelflächen,
um meine Einzelteile zu finden,
um sie von anderen reflektieren zu lassen.
Bleibe ich aber hier stehen,
bleibe ich abhängig von dieser Reflexion.
Spiegel sind nur Mittel zur Selbsterkenntnis.
Durch Selbstannahme, Akzeptanz und Dankbarkeit
Kann ich diese Abhängigkeit lösen.
Danke, dass Du mir diesen Teil vor Augen hältst.
Danke, dass Du ihn mir so glasklar demonstrierst.
Es ist ein Anteil von mir,
egal ob positiv oder negativ,
egal ob schwarz oder weiß,
egal ob bunt oder grau.
Wenn ich mir dieser Teile als meiner Teile bewusstwerde,
werde ich selbstbewusster
Und kann im Kontakt mit anderen mehr bei mir bleiben
Und auf meinem Weg leichter und freier voranschreiten.
Echt und selbstbewusst.

Ekstase

Der Austausch zwischen den Polen wird stärker
Und es baut sich ein Feld auf,
das ich so noch nie gespürt und erlebt habe.
Es überschreitet alles bisher Bekannte
Und entführt mich in eine Intensität jenseits aller Vorstellung.
Meine Form fängt an, sich aufzulösen.
Die Moleküle in ihrer einzelnen Schwingung werden deutlich
und ich verbinde mich mit dem Raum,
mit der Leere, mit der Weite um mich herum.
Alles ist Vibration.
Alles ist Explosion.
Alles ist Schwingen und Austausch.
Es ist wie eine Melodie,
die hörbar wird.
So voll, so intensiv und gewaltig.
Ich schwinge mit, kenne keine Grenzen mehr
zwischen dem Raum und mir.
Alles zerfließt in einer großen Einheit
ekstatischen Lebens.
Ich- Du- Es
Einzelteile im großen Ganzen
Verbunden, tanzend, frei, seiend

Elemente unter sich

Auch ich bestehe aus unterschiedlichen, gegensätzlichen Bausteinen.
Kontrahenten im eigenen Körper. Widersacher.
Plus und Minus
Bestandteile, die dazu geschaffen wurden, Spannung aufzubauen, um Bewegung zu schaffen.
Ohne Spannung - keine Bewegung
Ist das Niveau überall gleich, brauche ich mich nicht bewegen.
Erst Unterschiede und Anderssein schaffen
Bewegung, Dynamik, Auseinandersetzung
und sind Grundsteine des Lebens.
Nur dadurch habe ich Antrieb, mich im eigenen Leben zu bewegen.
In Bewegung zu kommen, um mich im Spannungsfeld zu erfahren.
Ich brauche diese Gegensätzlichkeiten für mein Leben, für Erfahrung,
für das Spüren und Erkennen.
Danke für all die Unterschiede und Gegensätze.

Emotionslos!?

Nur weil ich „Nein" sage, heißt das nicht,
dass ich Dich nicht liebe.
Nur weil ich nicht mit Dir zusammen bin, heißt das nicht,
dass ich Dich nicht achte.
Ich erscheine emotionslos, kalt und abweisend.
Doch in meinem Inneren sieht es anders aus.
Ich kann sehen, welchen Schmerz Dir mein „Nein" bereitet.
Ich kann sehen, dass Du die Hintergründe für das „Nein" nicht
erfassen kannst.
Ich kann sehen, wie viele Emotionen in Dir gegen mich
hochkommen.
Ich kann Dich verstehen und Deinen Schmerz sehen.
Doch trotzdem ist diese Entscheidung, so wie ich sie jetzt treffe,
wichtig.
Ich treffe sie aus Liebe, weil jetzt gerade dieses „Nein" wichtig ist.
Vielleicht jetzt noch nicht verständlich für Dich.
Trotzdem liebe ich Dich.

Endlosschleife

Monoton
Immer wieder die gleiche Passage
Der gleiche Ort
Die gleiche Handlung
Die gleichen Personen
Die gleichen Themen
Der gleiche Ärger
Die gleichen Probleme
Hängengeblieben in endloser Abfolge,
Tage, Jahre, Leben
Immer wiederkehrend

STOP, genug, es reicht, löschen,
Reset, das war's

Neuer Tag, neue Möglichkeiten,
neue Ausblicke, Einblicke.
Keine Wiederholung,
alles jetzt, alles neu, lebendig
Ganz hier und jetzt

Entflammt

Ein kleiner Funke hat gereicht
Und ich stehe lichterloh in Flammen.
Genau das war es,
worauf ich die ganze Zeit gewartet habe.
Es brauchte ein Wort, eine Idee
und ich wusste,
das ist es,
das möchte ich machen.
Dafür brenne ich.
Voll und ganz
Mit allem, was ich zur Verfügung habe.
Hier gibt es keine Kompromisse.
Hierin gehe ich vollkommen auf,
Brenne, leuchte, wärme
Und bringe das nach außen,
wofür ich hier bin.

Liebe

Entscheidungskraft

Du bist wie Du bist.
Und ich lasse Dich so wie Du bist.
Wenn Du muffelig bist, bist Du muffelig.
Wenn Du unglücklich bist, bist Du unglücklich.
Wenn Du unzufrieden bist, bist Du unzufrieden.
Ich muss das nicht mit Dir teilen.
Ich darf glücklich sein.
Ich darf zufrieden sein.
Ich darf leicht sein.
Ich darf lebendig sein.
Dein Sein hat keine Auswirkung auf mich
und ich muss von Deiner Schwere und Lebenssicht nichts mittragen.
Das erkenne ich jetzt, integriere ich jetzt und lebe es auch jetzt.
Unabhängig von Dir, für mich ganz allein.
Mein Leben ist mein Leben, auch wenn wir Abschnitte teilen.
Aber ich bin Herrin über mein Leben,
übernehme Verantwortung für mein Leben
und treffe Entscheidungen für mein Leben.
Und damit gebe ich auch Dir Verantwortungs- und
Entscheidungskraft zurück.
Du für Dich.
Ich für mich.
Und wir für uns.
Eigenständig, verantwortungsbewusst und klar.

Entscheide Dich

Die nächste Kreuzung steht bevor.
Entscheidungen für Lebensrichtungen – Ausrichtungen.
Wie möchtest Du weiterleben?
Wie möchtest Du weiter lieben?
Möchtest Du weiter die wirklich entscheidenden Punkte in Deinem Leben umgehen
Und dann am Lebensende sagen:
„Ich bin um die Knackpunkte gut herumgekommen!?"
Möchtest Du das wirklich?
Stelle Dir diese Frage und sei ehrlich zu Dir.
Du umgehst bestimmte Themen, weichst aus und hoffst, dass keiner sie anspricht.
Aber genau das sind die Stellen mit dem größten Entwicklungspotential.
Es kostet wahnsinnig viel Energie diese Punkte zu umgehen.
Sei mutig! Stelle Dich diesen Punkten und sieh, was geschieht.
Vielleicht weinst Du. Vielleicht seit sehr langer Zeit mal wieder.
Vielleicht kommen Gefühle hoch, die Du so noch nie erfahren und gespürt hast.
Du wirst eines aber auf jeden Fall wiederbekommen:
Deine Lebendigkeit, Dich zu spüren, Dein Umfeld zu spüren, die Gefühle zu spüren und nicht einfach nur alles aus der Entfernung zu betrachten.
Also, Du hast die Wahl:
Möchtest Du weiter separat und distanziert alles betrachten?
Oder das Leben wirklich erfahren, erleben und spüren?

Entschuldigung

Du trägst das Päckchen immer noch mit Dir herum,
das ich Dir vor langer Zeit übergeben habe.
Darin tummeln sich Selbstzweifel, Selbstsabotage, Minderwertigkeits-
gefühle, Mangelerlebnisse, die immer wieder schwer auf Dir lasten.
Jahrelang trägst Du jetzt schon daran.
Du kennst das Gewicht, die Dialoge, die nie zu einem Ergebnis führen
und die Entschuldigungen, warum ein anderes Leben jetzt gerade
nicht möglich ist.
Wenn Du Dir das Päckchen anschaust, stellst Du fest,
dass viele dieser Gefühle von mir kommen
und ich sie einfach nur auf Dich übertragen habe.
Ich wusste nicht, wohin mit meiner Wut, meiner Ohnmacht und
Perspektivlosigkeit.
Ich konnte sie nicht ausdrücken und für andere greifbar machen.
Da war das Weitergeben der einfachste Weg
Und Kinder übernehmen fast alles aus Liebe,
auch wenn es sich um solch ein Päckchen handelt.
Ich nehme mein Päckchen wieder zurück
Und trage jetzt die Verantwortung,
die ich schon früher hätte tragen sollen.
Es tut mir leid, dass Du dieses Paket so lange hast tragen müssen.
Lebe Dein Leben, so wie es für Dich stimmig ist.
Gestalte es nach Deinen Herzenswünschen und bewege Dich frei in
Deinem Leben.
Und fange endlich an, es zu genießen.
Es lohnt sich!

Es ist vorbei

Es war einmal vor langer Zeit.
So fangen viele Geschichten bei mir an.
Ich war mal Freundin von, Frau von,
stand mit dem und dem in der und der Beziehung.
Ich habe mal dies erlebt, mal das erlebt.
Alles hat aber eins gemeinsam.
Es ist vorbei!
Ich möchte und werde keine alten Geschichten mehr aufwärmen.
Ich habe Schlussstriche unter all die alten Geschichten gesetzt.
Sie **waren**.
Ich habe aus ihnen gelernt und viel mitgenommen.
Aber das war es jetzt auch.
In Dankbarkeit lasse ich all die alten Geschichten gehen
Und wende meinen Blick mit all meiner Aufmerksamkeit ins Jetzt.
Denn jetzt bin ich mit Dir zusammen.
Denn jetzt schenke ich Dir meine ganze Aufmerksamkeit.
Denn Du verdienst es,
dass ich ganz bei Dir und mit Dir bin.
Und nur so kann ich die gesamte Vielfalt wahrnehmen,
die unser Zusammensein mit sich bringt.

Experiment

Lass uns doch die Situation mal neu betrachten.
Stell Dir vor, alles wäre möglich.
Ich treffe auf Dich und wir lassen alle eingrenzenden Sichtweisen
vorher los.
Wir begegnen uns jetzt.
In dieser Konstellation sind wir noch nie aufeinandergetroffen.
Wir lassen uns ein auf das, was gerade ist.
Wir folgen der inneren Bewegung,
schauen, was sich entwickelt und lassen jede Abgrenzung beiseite.
Wie würden sich Gespräche auf dieser Grundlage entwickeln?
Welche Ideen würden entstehen,
wenn wir alle Möglichkeiten, die das Jetzt uns bietet, voll
ausschöpfen?
Wenn wir Gespräche nicht nur aus Verpflichtung,
sondern mit Achtsamkeit und Präsenz führen würden?
Wenn wir beide jetzt ganz da wären?
Was wäre dann?
Es käme auf einen Versuch an.

Typisch Fisch

Huhu, Hallo, hier bin ich.
Ich schwimme munter meine Runden.
Bin mal hier. Bin mal da.
Kurzweilig ist es mit mir, unterhaltsam.
Man schwimmt eine Runde zusammen
Und geht dann wieder seiner eigenen Wege.
Feste Bindungen sind wie eine Gräte im Hals:
Schwer zu ertragen.
Leine und Begrenzung des Bewegungsraumes gehen gar nicht.
Feste Bindungen mit Fischen sehen so aus.
Du schwimmst eigenständig.
Ich schwimme eigenständig.
Ich schlage Dir mal eine gemeinsame Route vor.
Du schlägst mir mal eine gemeinsame Route vor.
Mach mich neugierig.
Ich mache Dich neugierig.
Nur wenn ich selber etwas möchte,
lasse ich mich darauf ein.
Ich traue nicht allem.
Es könnte ja ein Köder sein.
Und ich habe keine Lust,
irgendjemand ins Netz zu gehen.
Wenn Du Dich darauf einlassen kannst,
kann ich ein treuer Wegbegleiter sein.
Und unser Terrain ist so riesig und unbekannt wie der Ozean.
Und, schwimmst Du mit?

Farbe bekennen

Grau und wischi-waschi ist die Grundstimmung gerade.
Unbestimmt, diffus, unklar
Klar, es gibt viele Möglichkeiten.
Klar, könnte es so oder so sein.
Ich würde alles mitmachen
Und in jede Richtung gehen.

Entschuldigung, dass ist hier aber nicht die Frage.
Die Frage ist:
Was möchtest Du wirklich?
Was möchte Dein Herz?
Nicht das Herz von jemand anderem.
Nicht das Deiner Eltern oder Freunde.
Was möchtest Du wirklich von ganz tief innen heraus?
Das ist die entscheidende Frage.
Und ich höre nicht eher auf, bis Du ganz ehrlich zu Dir selbst warst
und Dir diese Frage beantwortest.

Bekenne Farbe, werde sichtbar!
Auch in Deinen Herzensangelegenheiten.
Komm raus aus dem Schneckenhaus, aus Deinem Schutzmantel.
Und zeige endlich, wer Du wirklich bist und was Dich von innen
heraus ausfüllt.

Es ist an der Zeit!

Flucht

Vertrieben, verfolgt, über Grenzen gejagt
Heimat verloren, die Ehre auch
Erniedrigt, gefoltert, als Tiere behandelt
Misstrauen spürend
Die Augen verfolgen
Jeder Schritt wird beäugt.
Jedes Handeln beengt.
Freie Entfaltung unmöglich.
Nur rastloses Tun, melancholisches Schweigen
Der Geist ist verwirrt,
hängengeblieben.
Er sucht nach der Heimat,
sucht Jahre um Jahre.

Getrennt sind wir:
Der Körper hier. Der Geist in der Heimat.
Dieses ewige Ziehen und Zerren rauben jede Kraft.

Es ist an der Zeit, wieder beide zu einen.
Den Geist einzusammeln und zur Ruhe zu kommen.
Der Krieg ist vorbei. Das Leben geht weiter.
Ich gedenke der Heimat und trage sie bei mir.
Sie hat mich geprägt, ihre Spuren hinterlassen.
In Liebe ihr dankend für alles, was sie gab,
bin ich nun offen für das Leben
und all die Geschenke, die es bringen mag.

Freiheit

Ich weiß, was dafürspricht. Ich weiß, was dagegenspricht.
Verschiedene Seiten eines Spiels.
Jede Seite hat Gründe.
Erfahrungen, die den Lebensweg geprägt haben.
Ich gehe ein paar Schritte zurück.
Kann beide sehen:
Schwarz und weiß
Pro und kontra
Gegen-sätze
Ich muss mich nicht für eine Seite entscheiden.
Ich muss nicht wählen, auf welcher Seite ich stehen möchte.
Ich kann beide Positionen stehen lassen, in ihrer Wichtigkeit
schätzen. Es braucht ein Gegengewicht, sonst gerät alles aus dem
Gleichgewicht.
Ich kann mich aber auf dieser Trennlinie von schwarz und weiß
bewegen. Dort, wo beide sich berühren,
nebeneinander deutlich abgegrenzt sind und einen klaren Weg
ergeben – Schnittstelle der Gegensätze
Weg in die Tiefe – Weg zu mir – Weg in die Freiheit
Es ist ein Weg, der weg führt von der Qual der Wahl, ohne Zwänge
Denn ich entscheide mich für mich.
Das, was ich brauche. Das, was mir guttut.
Das, was sich in mir stimmig anfühlt.
Das, was mein Herz zum Leuchten bringt und
Das, was mir Spaß macht.
Das, was im Einklang mit mir steht, mit all meinen Ebenen.

Freudenfeuer

In mir ist ein Licht aufgegangen.
Das Dunkel ist weg und ich kann endlich erkennen,
was die Dunkelheit verborgen hat.
Ängste dürfen weichen.
Schrecken verschwinden.
Trauer darf gehen.
Wut sich wandeln.
Eifersucht und Neid verebben.
Hoffnung sich verbreiten.
Staunend stehend. Sprachlos seiend.
Allen verzeihend.
Wissend. Schweigend. Feiernd.
Vibrierend schwingend. Innerlich singend.
Die Großartigkeit spürend.
Demütig stehend, die Ganzheit sehend.

Frust

Ich könnte Türen schlagen, heulen,
Geschirr auf den Boden schmeißen,
trappeln, wütend andere Menschen beleidigen
und das nur, weil ich Frust habe.
Meine Lebenssituation ist nicht so,
wie ich es mir wünsche
und ich möchte den Zustand nicht länger ertragen.
Hier ist Aktion gefragt.
Hier ist das deutliche Äußern meiner Wünsche wichtig.
Ich bringe endlich meine innersten Wünsche nach außen.
Ich nehme nicht mehr nur Rücksicht auf die Wünsche meines
Gegenübers,
sondern stelle meine Wünsche mit auf den Tisch.
Ich habe das Recht auf eigene Bedürfnisse, Wünsche und Gefühle.
Und jetzt können wir mal schauen,
was es an Gemeinsamkeiten gibt.
So kann mein Frust produktiv genutzt werden.
Für mich. Für Dich. Für uns.

Galaxien

Ständig um sich selbst kreisend,
vollführe ich die gleiche Bewegung
wie jedes Atom, jeder Planet, jede Galaxie.
Ich kreise um meine Achse,
meinen Mittelpunkt,
der sich nur durch Bewegung finden lässt.
Je schneller ich drehe,
umso deutlicher der Ruhepol.
Es konzentriert sich alles immer mehr auf das Zentrum der
Bewegung.
Es wird konkreter, wahrnehmbarer.
Dieser Ort, an dem keine Bewegung mehr stattfindet,
der nur noch ist.
Ich spüre diesen Ort,
schlüpfe hindurch und betrete die unendlichen Weiten des
Universums.
Nullpunkte der Schöpfung
Zugangspunkte zum Unfassbaren.
All durchdringende Leere, Weite, Liebe
Diese Leere verbindet alles.
Steige ich in diesen Punkt, bin ich bewusster Bestandteil des großen
Ganzen.
Hier präsent und zugleich Teil des großen Mysteriums „Leben".

Geheimnisse

Tief vergraben, gut geschützt
Immer auf der Hut,
dass sie keiner entdeckt.
Schätze, die nie das Licht der Welt erblicken.
Ewig lange wartend unter Abermillionen von Schutzschichten.
Warum? Wozu sind die wirklich nötig?
Sind sie wirklich noch brauchbar
Oder einfach nur uralte Relikte aus längst vergangener Zeit?
Ich unterziehe jede Schicht dieser Prüfung
Und stelle fest,
dass die Schichten ihren Dienst getan haben
und jetzt gehen dürfen.
Langsam komme ich meinem Kern näher,
lüfte meine Geheimnisse
und bleibe nicht mehr das große Unbekannte
für mich und meine Umgebung.

Gehen können

Leicht gesagt.
Ich weiß, ich stehe am Ende.
Ich weiß, mein Leben nähert sich dem Ende.
Ich weiß, es steht kurz bevor.

Aber gehen können?
Soviel ich auch will,
es liegt nicht in meinen Händen.

Je mehr ich will,
desto mehr wird mir dies gezeigt:

„Es ist nicht nur meine Entscheidung!"

Gehen können. Gehen dürfen. Und dann gehen. Wirklich gehen.
Diesen Körper verlassen. Auf Reise gehen.
All dies gehe ich nicht allein.
Es ist ein Weg mit Begleitung.
Es ist ein Weg mit Unterstützung.
Nicht irdischer Art, sondern himmlischer Beistand, Führung,
Reiseleitung.
Auf einem Weg in eine andere Sphäre.

Euch lasse ich zurück.
Euch lasse ich, wo ihr seid.
Passt gut auf Euch auf, bis wir uns wiedersehen.

Gleichgewicht

Wo hör ich auf, wo fang ich an? Wo sind meine Grenzen?
Was brauche ich, was brauch ich nicht?
Wonach such ich in meinen Tiefen?
Viele Fragen? Viele Zeichen?
Was soll ich daraus machen?
Steh ich zu weit rechts, zu weit links?
Wie positionier ich mich am besten?
Geben möchte ich, am liebsten viel, am liebsten alles aus meinen Tiefen. Aber so wie zu viel Wasser Feuer löscht, brauch ich auch hier ein Gleichgewicht.
Wie viel ist hilfreich, wie viel fördert? Wie viel unterstützt die Flammen? Ab wo wird es zu viel, zu eng? Zu viel Liebe, zu viel Druck, zu viel gute Ideen? Kein Platz für Entfaltung, kein Platz für den anderen neben mir? Die Luft wird dünn, das Feuer geht. Kein Platz für große Flammen.
Ich will und brauche beides:
Geben und Nehmen
Bindung und Freiheit
Abenteuer und Ruhe
Ja und Nein
Rechts und Links
Oben und Unten
Alles zu seiner Zeit
Alles in seinem Rahmen
Damit das Feuer das Wasser wärmt und miteinander etwas Neues wachsen und werden kann.

Versteck Gemeinschaft

Zusammen geht alles besser.
Eine Hand wäscht die andere.
Gemeinsam sind wir stark.
Wir schaffen das!

Ja, stimmt teilweise.
Und es lohnt sich, Gemeinschaft tiefer zu hinterfragen.

Wofür engagieren wir uns?
Was ist unser Antrieb?
Und was ist mein Antrieb?
Traditionen, Abläufe, Formeln einfach nur weiter zu führen,
weil es immer so war, ist leer.
Es fehlt meine persönliche Füllung, meine tiefe Resonanz dabei.

Und dann kann es auch sein,
dass ich merke, dass ich mich in der Gemeinschaft vielleicht
verstecke,
hinter all den festen, sicheren Regeln, den Ritualen, den Strukturen.
Und ich merke vielleicht auch, dass ich mich dann nicht selbst fragen
muss:
Was will ich?
Was erfüllt mich?
Was möchte ich in der Gemeinschaft umsetzen?
Was möchte ich beisteuern?

Denn dafür braucht es Mut, mich selbst wahrzunehmen,
für **wahr** zu nehmen
Mit all meinen Bedürfnissen,
mit all meinen Gefühlen, Ideen und Vorgängen.
Und es braucht mein Selbstbewusstsein,
um diese klar zu äußern und in die Gemeinschaft einzubringen,
auch wenn die Traditionen und Strukturen diesen gerade im Weg
stehen.
So gelebt, ist Gemeinschaft eine Bereicherung
und keine Weiterführung leerer, vergangener Hüllen.

Glucke

Ich habe mein Ziel erreicht. Ich bin Mutter.
All meine Interessen verschieben sich auf mein Kind.
Das ist mein Fokus, alles andere verschwindet.
Für eine Zeit ist das in Ordnung und vollkommen stimmig.
Es gibt aber auch andere Möglichkeiten, meine Mutterrolle zu nutzen.
Ich kann sie zum Konkurrenzkampf nutzen unter den anderen Müttern.
Ich kann den Wettstreit und den Neid auf diesem Level weiterführen,
immer mit einem Blick auf die anderen Mütter und ihre Kinder.
Ich kann mich hinter der fürsorglichen Mutterrolle verstecken.
Ich richte mich scheinbar nach den Bedürfnissen des Kindes und
benutze es als Entschuldigung, um manche Dinge nicht machen oder
keine Entscheidungen treffen zu müssen. Ich meine es nur gut mit Dir.
Doch wenn ich ehrlich bin, geht es mir nicht immer wirklich um Dich.
Ich lenke Dich dahin, wohin ich Dich haben möchte.
Ich gebe Dir ein schlechtes Gewissen, wenn Du Deinen eigenen Weg
gehen möchtest.
Denn wenn Du Deinen eigenen Weg gehst, werde ich überflüssig.
Dann kann ich Dich nicht mehr als Entschuldigung nehmen und ich
werde gezwungen, meine Aufmerksamkeit wieder auf mich zu richten.
Und was sehe ich dort? Gähnende Leere!
Über mich weiß ich sehr wenig, fast nichts. Und das macht mir Angst.
Ich fühle mich unsicher mit mir selbst und möchte mich deshalb auch
kaum damit auseinandersetzen.
Wenn Du Deinen Weg gehst, muss ich mich mit mir beschäftigen und
mich meinen Ängsten, Unsicherheiten, Wünschen und Träumen
stellen.
Ich atme tief durch, drehe mich um und schaue auf mich.

Grenzenlos

Wie weit reicht Liebe?
Wo endet das Sein?
Gibt es Grenzen von Glück?
Definiert man Leben?
Und was geschieht dazwischen?
Zwischen all den Fixpunkten ist Leere, Weite, Unendlichkeit.
Tauche ich in Fixpunkte hinab,
werden sie durchlässiger und öffnen den Raum,
der hinter ihnen liegt.
Immer tiefer, weiter, grenzenlos
Betrachte ich das Miteinander,
darf ich die grenzenlose Weite dazwischen
und in jedem Punkt an sich nicht vergessen.
Ich löse meinen Blick von den Fixpunkten
Und erweitere ihn um diese grenzenlose Weite.
In mir, in Dir, in Allem

Grundlage allen Seins

Was bleibt übrig, wenn alles wegbricht?
Was bleibt übrig, wenn alle Glaubenssysteme, Anschauungsmodelle,
Moralvorstellungen, Normen, Werte, Traditionen wegfallen?
Wo ist dann meine Quelle, aus der ich schöpfe?
Was ist dann die Grundlage, von welcher heraus ich handele und
etwas aufbaue?
Solange ich mein Handeln nur auf diesen Konstrukten aufbaue,
wird mein Handeln zerstörbar, anfällig und ohne nachhaltige
Veränderung bleiben.

Ich brauche diese nicht zerstörbare Grundlage allen Seins.
Damit ich andere wirklich verstehen kann.
Damit ich mit anderen auf einer Ebene kommunizieren kann.
Damit daraus etwas Neues erwachsen kann auf einer gemeinsamen
Grundlage.
Diese Basis finde ich allerdings nur in mir.
Wenn ich in mir suche, grabe und sich auf dieser Suche meine
Grundlage offenbart.

Heile Welt ade

Das war's!
Hier ist nichts mehr zu kitten und zu kleben.
Meine heile Welt liegt in tausend Stücke verteilt.
Es ist ein Abschied vom allsonntäglichen Kaffeeklatsch
in „harmonischer" Runde mit dem guten Geschirr
und dem selbstgebackenen Kuchen.
Es ist ein Abschied von Ritualen, Besuchen, Traditionen,
die man einfach so macht,
ohne wirklich dabei zu sein.
Es ist ein sich ehrlich Fragen,
nach was mir gerade ist.
Woran habe ich wirklich Freude?
Wo bin ich wirklich ganz dabei?
Wer ist mir gerade wirklich wichtig?
Wofür möchte ich mich jetzt engagieren?
Meine heile Welt mit ihren scheinbaren Sicherheiten verlasse ich
und probiere die Dinge aus,
bei denen ich authentisch und vollkommen dabei bin.

Das Helfer-Syndrom

Schulterklopfen, Hände schütteln.
Es hat wieder geklappt.
Ich war für andere da.
Super! Aufmerksamkeit! Jawohl!
Dafür lebe ich! Für andere! Damit es anderen gut geht.
Damit andere auf ihren Weg kommen.
Damit etwas funktioniert.
Ohne mich geht das nicht – oder nur sehr schlecht.
Meine Daseinsberechtigung schöpfe ich aus dem Tun für andere.
Wenn es Schwächere und Bedürftige sind, ist das noch viel besser.
Aber halt mal! Stopp!
Was mache ich da?
Ich schaffe Abhängigkeiten.
Ich brauche andere, um mich gut zu fühlen.
Ganz schön verdreht.
Brauche ich wirklich andere, um eine Daseinsberechtigung zu
haben?
Reicht es nicht aus, einfach da zu sein?
Ich bin für mich schon wertvoll, stimmig und ganz.
Und ich brauche dafür keine Aktionen im Außen,
um das zu beweisen. Ab jetzt arbeite ich mit anderen
gleichberechtigt zusammen,
ohne sie für mein Selbstwertgefühl zu gebrauchen.
Endlich. Eigenständig. Unabhängig.

Hier und Jetzt

Hier und jetzt ist gerade der wichtigste Punkt in meinem Leben.
Jegliche Aufmerksamkeit liegt hier.
Ich stelle alle Systeme auf Jetzt ein,
synchronisiere sie dadurch
und schalte einen zusätzlichen Informationskanal hierdurch frei.
Es ist eine Linie,
die mich mittig durchzieht
und die nur störungsfrei arbeiten kann,
wenn alle Systeme auf gleicher Wellenlänge gekoppelt sind.
Das ist jetzt der Fall.
Das Tor öffnet sich
und ich darf neue Informationen empfangen, verstehen und
umsetzen.
Vieles wird klarer.
Ich nicke, ich verstehe
und füge mich ein in die größeren Zusammenhänge
als wissendes Verbindungstück zwischen den Polen.

Hingabe (Spinnenweisheit)

Ich habe mich im Netz verfangen,
bin bewegungsunfähig, gelähmt
und weiß, dass ich durch ihr Gift sterben werde.
Aber auch in diesem Moment die Wahl sehen können.

Kämpfen und sterben
Oder
Annehmen und mich hingeben

Durch meine freiwillige Hingabe mich dem Leben/ Sterben
hinzugeben,
werde ich frei.
Dualität als Täter-/ Opferspiel hört auf.
Ich gebe mich dem Jetzt hin
Und erhalte Freiheit, die Fähigkeit in meiner Mitte und trotzdem in
Kontakt mit meiner Umwelt zu sein.
Hingabe ist ein sich Hineingeben in etwas Größeres,
das sich durch mich und dich zum Ausdruck bringt.
Ich gebe mich nicht nur Dir hin,
sondern dem Größeren, das durch dich scheint.
Und ich lasse die Schönheit des Größeren durch mich scheinen.
So dass Licht sich in Licht vereinigt und erlebt.
Das Größere mit dem Größeren spielt, verschmilzt
und Neues schafft.

Hinter dem Horizont

Ich habe meine bekannte Welt hinter mir gelassen.
Schwarz/ weiß
Gut/ böse
Alles schön getrennt
Leben im engen System in der gewohnten Bahn
Ich habe den Vorhang durchschritten
Und orientiere mich neu.
Alles ist möglich.
Das Leben ist weit.
In grenzenloser Weite laufe ich umher.
Wo ich auch bin, bin ich.
Egal in welchem Kontext und welchen Umständen.
Ich wechsle die Perspektiven
Und spüre die Liebe der jeweiligen Position.
Ich kann mich wandeln,
die Form ändern.
Aber all das ändert nichts an meinem Kern.
Meine Hülle dient dem bestmöglichen Verlauf und der Erkenntnis der Situation.
Die Form ist frei wählbar, wandelbar.
Also schau tiefer, schau dahinter.
Und dann kannst Du mich auch endlich sehen.

Hintertürchen

Unverbindlich ist es! Ich lebe für mich. Du bist da.
Aber weitere Schritte spreche ich von mir aus nicht an.
Ich beschäftige mich mit meinem Alltag. Das Jahr schreitet voran.
Aber an konkrete Zusammenarbeit und ein konkretes Zusammensein
traue ich mich nicht ran.
Ich befinde mich in meiner Komfortzone.
Gut versteckt hinter schweren Erlebnissen und Traumen in meinem
Leben, die mir bisher immer gut als Entschuldigung für weitere
Konsequenzen in Richtung Zusammenleben gedient haben.
Aber das ist unehrlich und feige.
Und ich räume nie meine emotionalen Baustellen auf.
Ich habe meine Hintertürchen
und dann stehe ich nicht mehr zur Verfügung.
Pech, für den anderen.

Das kann es aber auf Dauer nicht sein!
Und meine Feigheit und Unwissenheit als Entschuldigung zu nehmen,
geht auch überhaupt nicht.
Also, ran an die Wahrheit.
Wovor habe ich wirklich Angst?
Was ist der wirkliche Grund?
Und dann werde ich mich damit auseinandersetzen und sehen, was
herauskommt.
Vielleicht ist es ja endlich der Ausgang
aus meinem jahrzehntelangen Warten und Herumeiern
und ich habe endlich meinen Platz im Leben gefunden.

Ich sag „Ja"!

Ich könnte mich sicher verstecken,
damit mir nichts passiert.
Ich könnte mich zurückziehen,
damit mich keiner verletzt.
Ich könnte mich klein machen,
damit mich keiner sieht.
Ich könnte mich schützen,
damit mich keiner berührt.

Alles Ausflüchte und Ausreden vor dem Leben!

Wovor renne ich weg?
Vor meinen Ängsten?
Vor meinen Schatten?

Vielleicht ist es auch die Unbeholfenheit mit der Wucht von Leben umzugehen, die ich fühle.
Vielleicht ist es die Unsicherheit,
der Schönheit und Unfassbarkeit des Lebens gegenüber zu treten.
Vielleicht weiß ich nicht, wie ich mit dieser Intensität von Leben umgehen soll.

Denn diese Fülle reißt alles mit, löst Ängste auf, reißt Mauern nieder, lässt keinen Platz für Abgrenzung.
Dieses Leben nimmt sich seinen Platz und hinterlässt kein Vakuum.
Wenn ich „Ja" sage.

Ich und Du

Ich nehme mich wahr, in dem, was ich brauche und was ich bin.
Ich kenne meine Grenzen und meine Stärken. Ich weiß um mich.
Ich weiß, wie ich wirke. Ich weiß um die Kraft meiner Handlungen
und Worte. Worte sind Wellen, die von mir ausgehen, die ich
aussende, die auftreffen, die verändern und etwas auslösen.
Ich werde bewusster im Umgang mit meinen Worten, meinen
Handlungen. Ich weiß, dass es nicht viel braucht, um anzuregen/
aufzuregen. Ich bin vorsichtig im Umgang mit meinen Möglichkeiten.
Ich weiß um meine Kraft, die in verschiedene Richtungen wirken
kann:

Aufbauen oder Zerstören

Ein Wort, das wie ein Dominostein alles ins Rollen bringt.
Mit Bedacht und Verantwortung gewählt.
Aber ich stehe auch im Austausch.
Worte, die von mir ausgehen, die auf den anderen wirken,
wieder bei ihm neue Worte formen, die ihren Weg zu mir finden.
Ein stetiger Austausch auf vielen Ebenen, die mein ganzes Wesen
erreichen und anstoßen.
Für diesen Austausch brauche ich meine Mitte, meinen
Ausgangspunkt, damit ich einen stabilen Referenzpunkt habe,
von dem aus ich senden und empfangen kann.
Und ich brauche ein Gegenüber mit stabiler Mitte, damit Austausch
untereinander möglich ist.
Ich möchte den anderen nicht überlagern oder von anderen
überlagert werden.
Ich möchte gleichberechtigt, achtsam mich austauschen und jedem
den Raum lassen, den er und ich brauchen.

<u>Ich?!</u>

Wo?
Überall Elemente, die ich ausfülle
Dinge, die ich mache, tue
Einstellungen, die ich annehme, ablege, verändere
Stimmungen, die kommen und gehen
Nichts ist greifbar, nichts ist fest
Was bleibt? Was bleibt vom **ich**?
Wo ist **ich**?
Alles Einzelteile – doch wo ist **ich**?
Was ist es, das alles verbindet?
Was allen Teilen einen Sinn gibt und sie in ein Ganzes bringt.
Wo bin **ich**?
Was ist mein Kern, mein Halt?
Was ist das, was mich zusammenhält?
Mich als **ich** formt und zusammenhält?
Meine Grundlage, mein Ozean, aus dem ich entstehe und wieder
verschwinde?
Mein Fundus, aus dem ich schöpfe und alles wieder dahin
zurückgebe, wenn die Zeit der Veränderung kommt.
Was und wer bin **ich** aufs Einfache reduziert?
Alles und Nichts?
Ein Teil und das Ganze?
Ein lebendes Paradox durch m**ich** vereint.
Alles zugleich und doch **ich**
Denn **ich** spüre m**ich**, nehme m**ich** und das Leben wahr.
Das kann kein anderer für m**ich** machen, nur **ich**.

Ignoranz

Huhu, siehst Du mich?
Ich stehe direkt vor Dir.
Ich warte, winke, mache auf mich aufmerksam,
während Du eifrig dabei bist Pläne zu machen.
Die Augen geschlossen baust Du Luftschlösser,
konstruierst alles in Deinen Gedanken.
Alles steht, nimmt Formen an.
Du weißt, wo Du hinmöchtest.
Es ist zum Greifen nah in Deinen Gedanken.
Mach doch endlich die Augen auf,
hör auf alles nur im Kopf zu planen und sieh mich endlich an.
Alles, was Du Dir wünschst, steht direkt vor Dir.
Wild, weit, neugierig, kindlich, lebendig, offen für neue Erfahrungen,
egal wohin diese führen.
Mit mir kannst Du die Welt entdecken und nicht nur im engen Gedankenkonstrukt,
sondern vielfältig, weit, überraschend, spontan.
Ich lebe jetzt, hier und ganz.
Liebevoll, gehaltvoll, wundervoll, farbenfroh.
Es wäre schön, wenn Du mich endlich in Dein Leben lassen würdest und mich integrierst.
Damit ich endlich den Platz einnehmen kann, an den ich gehöre.

Gezeichnet Deine Seele

Inspiration

Spielball zwischen oben/ unten, rechts/ links
Neue Wege, Grenzen, Möglichkeiten erfahrend
Altes löst sich auf
Angst schwindet
Neugierde, Lust auf Neues

Am liebsten die alten Hüllen loslassen
Und in etwas ganz Neues eintauchen.
Wäre das Flucht? Verdrängung?
Den einfachen Weg gehen? Viele Erfahrungen dadurch nicht sehen können?
Wieder einmal nur an der Oberfläche bleiben?

Nein, ich will tiefer. Meine Tiefe ergründen. Mein Wesen. Dunkle Stellen erleuchten.
Meine Schätze entdecken. Mit jeder Faser, jedem Element, jedem Teilchen meines Selbst.
Ich will mich nicht mehr verstecken.
Ich will mich leben in dem, was ich bin und was mich ausmacht.
Ich will meine Umwelt daran teilhaben lassen, an meiner Sicht das Leben zu betrachten und zu leben.

Mittendrin statt nur dabei.

Integration

Lange genug stand ich am Rand und habe dem Leben zugesehen.
Sarkastisch, ablehnend, kritisch.
An allem konnte ich etwas Negatives finden,
es schlechtmachen und es zerlegen.
Und sauer war ich, wütend auf all die anderen.
Wenn ich aber tiefer gehe,
finde ich Traurigkeit.
Traurigkeit, weil ich außen stehe, mich einsam fühle und gerne
mitmachen würde.
Aus Neid habe ich lieber alles zerstört als mir diese Traurigkeit
einzugestehen.

All das darf jetzt ein Ende haben.
Ich mache das Leben nicht mehr schlecht.
Ich lasse es wie es ist
Und klinke mich ein.
Ich bin ein Teil von diesem Leben und möchte diesen Teil ausfüllen.
Ich möchte aktiv mitgestalten,
die Freude über gemeinsame Projekte erleben und mich
austauschen.
Intraaktiv, interaktiv, kommunikativ.

Irrgarten – Irren mit Sinn

Schon wieder eine Wand
Schon wieder ein Stopp
Schon wieder geht es nicht weiter auf dem eingeschlagenen Pfad.
Resigniert am Boden sitzend
Was habe ich übersehen?
Wo bin ich falsch abgebogen?
War die Entscheidung stimmig?
Im Irrgarten ist die Sicht eng,
begrenzt und immer wieder mit Sackgassen gepflastert.
Wechsel ich die Perspektive,
sehe ich das Ganze, das Muster,
das sich aus all den Wänden, Sackgassen und Hindernissen ergibt.
Aus dieser Perspektive kann ich meinen Weg durch den Irrgarten
ganz anders wahrnehmen, schätzen und ihn dankbar annehmen,
weil ich aus dieser Perspektive endlich die Schönheit des Ganzen
erkennen darf.

Jahreswechsel

Hier wird ein Schlussstrich gezogen,
und es ist Zeit,
das vergangene Jahr einmal genauer zu betrachten.
Was ist alles passiert?
Was hat sich entwickelt?
Was ist gestorben?
Was hat ausgedient?
Was habe ich Neues über mich gelernt?
Was waren Überraschungen?
Ich fülle meine Jahresschale mit all diesen Geschenken.
Das war also das vergangene Jahr in all seiner Vielfalt.
Dankeschön dafür.

Gleichzeitig erhalte ich eine neue Schale – noch ist sie leer.
Mit ihr werde ich im kommenden Jahr unterwegs sein.
Ich weiß noch nicht, mit was sie gefüllt wird.
Ich weiß noch nicht, was der Inhalt des Jahres sein wird.
Aber ich halte einen neuen, frischen Anfang in den Händen.
Und so gerüstet mache ich mich auf in die kommenden 12 Monate.

Kinderaugen

Ich schau nicht mehr hin
Wag es nicht mehr zu suchen –
Zu oft sah ich diese abweisende Wand.
Kein Lächeln, keine Freude, nur qualvolle Strenge
Ich strample mich ab, versuch die Wand zu erweichen.
Doch nichts dringt durch diesen Eisblock von Mensch.
Diese Augen strafen, lassen Gefühle ersticken.
Und machen mich mutlos auf meinem Weg durch diese Welt.
Wo soll ich sie finden die Liebe im Leben?
In den Augen der anderen finde ich sie nicht.
Es ist an der Zeit diese Kälte zu schmelzen.
Und mein Herz zu finden und die Liebe darin.
Denn so strahl ich selbst die Liebe nach außen.
Erhell meine Welt und die Menschen darin.
Dann kann ich selbst strahlen,
muss nicht auf andere mehr hoffen.
Kann anderen den Weg zeigen zu ihrem eigenen Licht.

Klarheit

Die Wolken verschwinden.
Der Nebel löst sich auf
Und da unter mir sehe ich ihn
Meinen Weg.
Klar und deutlich, golden schimmernd.

Es ist mein Weg und nur ich allein kann ihn gehen.

Hilfreiche Menschen, die mich am Wegesrand begleiten,
sind ausreichend vorhanden.
Ich mach mich auf den Weg und entdecke mich selbst.
Denn ich bin einzigartig und so richtig wie ich bin.

Ich liebe mich selbst und meinen Weg. Er ist nur für mich da.

Wage den ersten Schritt.
Gewinne Vertrauen bei jedem Schritt.
Lausche darauf, was mein Weg mir zu sagen hat.
Sammle meine Erfahrungen und befreie mich von dem,
was mich auf dem Weg belastet.
Frei soll ich ihn gehen und ohne Zwänge.
Es ist mein Weg.

Ich habe Lust und Freude beim Gehen.
Ich entdecke die Möglichkeiten, die schlummernden Talente.
Ich mache die Augen auf und sehe meinen Weg in aller Klarheit.

Komplexe Mischung

So, da sitze ich nun. An einem Punkt, wo mein bisheriges Leben mich hingeführt hat. Vieles ist nicht so gelaufen, wie man es sich wünscht. Vieles, das ich erlebt habe, hat mich zurückweichen lassen, immer mehr, aus Schutz, damit ich überhaupt überleben konnte. Von vielem habe ich mich abgewendet, damit ich nicht untergehe im Morast.
Aber jetzt sitze ich hier für mich, teilweise abgeschottet, zurückgezogen und weiß zeitweise wenig mit der Welt da draußen anzufangen.
Traurig bin ich. Ich fühle mich zurückgewiesen, ungeliebt, ungeachtet, nicht beachtet. Bei anderen finde ich auch keine Erfüllung und manchmal habe ich das Gefühl, der Zug fährt kurz vor dem Erreichen ab.
Warum sollte ich mich also trauen, mich engagieren?
Immer wieder greife ich ins Nichts.
Manchmal flüchte ich in andere Welten, lasse mich wegtragen.
Aber auch das ist nur kurzfristig eine Lösung.
Mitten im Wirrwarr sitze ich nun. Was tun?
Wenn ich mit all diesen Schichten hadere, die mich umgeben, bleiben sie. Ich kann die Vergangenheit mit all ihren Schatten nur annehmen. Ich kann nur Verständnis haben für sie und mich liebevoll um mich selbst kümmern. Wenn andere das damals nicht konnten, kann ich es jetzt für mich lernen.
Das ist die einzige Lösung für diese komplexe Mischung:
Mich selbst zu lieben, egal woher ich komme, was mir passiert ist, wie ich mich fühle, wie ich mich verhalte, was ich mir wünsche.
Einfach mich selbst anzunehmen, für mich da zu sein.
Liebevoll zugewandt, verständnisvoll, vorurteilsfrei.

Konzentration

Die Dichte nimmt zu.
Die Masse formiert und sammelt sich.
Es fühlt sich eng und sehr geballt an.
Manchmal kurz vor dem Aufgeben wollen zu stehen,
weil der Druck zu hoch erscheint,
weil die Kompression zu stark wird.
Es ist wichtig,
dass alles konzentriert wird.
Es ist wichtig,
um an die Essenz des Ganzen gelangen zu können.
Die Essenz trägt alle Inhaltsstoffe in ihrer komprimierten, reinen
Form in sich.
Nur durch diesen Prozess der Sammlung, Fokussierung und klaren
Ausrichtung erhalte ich ein Werkzeug,
das einem Laser gleicht.
Scharf
Punktgenau einsetzbar
Mit der Klarheit eines Diamanten
Alle Facetten in sich tragend
Und die Vielfalt des Lichts unterstreichend

Kreislauf

Es ist ein Kreislauf, ja.
Es dreht sich im Kreis, ja.
Elemente wiederholen sich und es gibt Abfolgen,
die immer wieder auftreten, ja.
Aber es ist kein starrer Kreis,
der immer wieder am selben Punkt zusammenkommt.
Es ist eine Bewegung, die sich nach oben und unten fortsetzt.
Die zwar immer wieder die gleiche Kurve beschreibt,
aber immer wieder eine Etage höher und tiefer weiterverläuft.
Es ist eine spiralförmige Bewegung,
die auch ich durchlaufe,
die schon ein Grundstein meiner Bausubstanz ist und
die ich im Außen weiterführe.
Nie dasselbe, sondern immer wieder Ähnlichkeiten auf
unterschiedlichen Ebenen.

Kristallklar

Geschliffen über viele Jahre
Geschliffen durch sehr viel Gefühl
In Situationen sanft gerieben
Zum Feinschliff fehlte nicht mehr viel.
Jetzt steh ich bereit.
Jetzt strahle ich.
In all meinen Facetten.
Und langsam wag ich,
mich in die Sichtbarkeit zu betten.
Ich fange Lichtstrahlen langsam ein und leite fröhlich weiter.
All das, was durch mich scheinen mag,
nicht wie ein Blitzableiter.
Ich leite Strahlen rein und klar in ihrer Vielfalt weiter.
Und begleite gerne Dich und mich auf unserer Lebensleiter.
Das Leben in seiner ganzen Bandbreite zu bestaunen.
Das ist mein Weg, mein Lebenstraum:
Kristallklar, einfach und verbunden.

Kritik? Kommunikation zwischen Kopf und Körper

Ich fühle etwas. Du verstehst es nicht.
Ich beschreibe etwas. Dieses Bild kennst Du nicht.
Du möchtest klare, greifbare Fakten.
Und ich weiß nicht, wie ich sie Dir liefern soll.
Wo ist unsere Schnittstelle, an der wir uns treffen?
Ich komme aus einer ganz eigenen Welt,
mit einer speziellen Wahrnehmung,
mit verschiedenen Ebenen, die ich für mich kenne
und die für mich zum Leben dazugehören.
Deine Welt sieht anders aus.
Du hast eine andere Perspektive, kommst aus einer anderen
Richtung und Deine Welt hat Ebenen,
die meiner eher fremd sind.
Wo ist das Wörterbuch, das zum Übersetzen notwendig ist?
Damit eine klare Kommunikation und Verständnis möglich sind.
Welches Bild kann mein Inneres für Dich greifbar machen?
Wie kannst Du das, was ich erlebe auch verstehen?
Wie kannst Du Verständnis für die inneren Abläufe entwickeln und
sie achten, obwohl sie manchmal eher im Verborgenen ablaufen?
Wie kann ich Deine Fähigkeiten der klaren, präzisen Darstellung
nutzen?
Sag mir, wo wir uns treffen und ich werde da sein.
Denn ich möchte endlich ein verständnisvolles Miteinander
aufbauen, in dem jeder Bereich die Wertschätzung und den Raum
erhält, die er benötigt, um sich entfalten zu können.
Jeder für sich und auch zusammen.

Lebenskraft

Hallo, hier bin ich! Mit mir setzt ein neuer Lebensabschnitt ein.
Ich hoffe, Du bist Dir dessen bewusst.
Und ich bin hier, um Dich über Risiken und Nebenwirkungen
aufzuklären.
Bist Du bereit?
Unterschätze mich nie!
Begegne mir mit Respekt!
Ich bin pures Feuer, pure Leidenschaft, pure Energie.
Ich bringe Dich an den Rand des Vulkans,
lasse Dich die Lava spüren, ihre Macht, ihre Energie.
Achte mich, integriere mich!
Hör auf mich!
Ich werde Dich durchfluten.
Deiche gibt es dann nicht mehr.
Fließe mit mir, folge mir.
Widerstand zwecklos.
In meinen Händen wirst Du zu Wachs.
Dein kleiner eigener Wille wird schmelzen
Und ich nehme seinen Platz ein.
Ich schmelze alles, was meine freie Entfaltung behindert.
Ungehindert, frei werde ich fließen.
Ich werde Dich entzünden, entflammen.
Damit Du diesem inneren Feuer in Dir folgst.
Folge dieser Feuerspur zu dem,
was Du warst, was Du bist, was Du immer sein wirst.

Lebendiges Leben, Lieben, Sein.

Lebens(r)echt

Im Spinnennetz bin ich groß geworden.
Überall klebrige Anhaftpunkte.
Punkte, um steckenzubleiben.
Punkte, um sich zu verwickeln.
Punkte, um lahm gelegt zu werden.
Ich kann nicht länger in diesem Netz bleiben,
so unbeweglich, starr und gestaut.
Jeder hat eine – seine Berechtigung für diese Position im Netz.
Aber nur Verständnis bringt mich hier nicht weiter.

Mein Gefühl ist jetzt wichtig.
Es hat eine Daseinsberechtigung.
Es darf da sein.
Es darf geäußert werden. Von mir. Jetzt.
Bei aller Liebe für alle Beteiligten.

Jetzt geht es um mich.
Jetzt geht es um mein Gefühl.
Jetzt darf es raus und muss es raus.
Und damit wird deutlich, dass nichts sagen, ertragen, mittragen,
„friedlich" sein keine echte Alternative zum echten, wirklichen Leben,
Austausch und Dasein ist.

Ab jetzt mit Gefühl.
Von innen nach außen und zurück.

Lebenswert

Ich beobachte mein Leben.
Beobachte, wie sich was entwickelt.
Warum ich gerade in welcher Situation stecke.
Ich habe Verständnis für alle Entwicklungen.
Ich weiß, warum ich gerade so bin wie ich bin.

Aber bei allem Verständnis:
Lebe ich?
Bin ich wirklich dabei und nicht nur Beobachter?
Immer wenn ich mich nach dem Sinn frage,
entferne ich mich aus dem Jetzt.
Aus dem jetzt Spüren, Fühlen, Lachen, Träumen, Lieben, Machen,
Sein.

Dann bin ich irgendwo in meinem Kopf,
in anderen Welten und nehme Abstand von dem, was gerade ist.
Ich komme zurück ins Leben,
bleibe nicht nur beim Beobachten.
Sondern lasse mich fallen, in das,
was jetzt gerade ist und mache so mein Leben lebenswert und voll.

Loslassen

Ich bin für Dich da,
solange Du mich brauchst.
Ich bin Dein Hafen,
Dein Begleiter,
Dein Gegenpol,
Dein Spiegelbild.
Nutze mich,
solange es für Dich stimmig ist.
Es kommt der Punkt,
da wirst Du gehen.
Du machst Dich auf Deine Reise,
auf Deinen Beinen, ganz allein.
Aber vergiss nicht,
hinter all den Wolken, den Schauern und Niederlagen bleibe ich.
Ich bin konstanter Untergrund,
zu dem Du jederzeit zurückkehren kannst.
Ohne Bedingung, ohne Verpflichtung
Einfach so.
Ich lasse Dich los,
lasse Dich Deine Kreise ziehen und weiß doch um die Verbindung,
die jederzeit bestehen bleibt.
In Liebe bleibt. Alle Zeit. In Ewigkeit.

Löwenherz

Kraftvoll schlagend
Den Takt angebend
Sicherheit vermittelnd
„Ich bin da."
„Ich gebe den Takt an."
„Ich bin präsent."
Der Takt bringt immer wieder ins Jetzt zurück.
Er ist Orientierung und Mahnung zugleich.
Sei jetzt präsent!
Sei jetzt anwesend!
Spüre mich jetzt!
Spüre meine Stärke, meinen Rhythmus!
Ich verstecke mich nicht!
Ich drossle meine Leistung nicht!
Ich passe mich dem an, was gerade gebraucht wird!
Verteile mein Blut in alle Bereiche.
Erhalte alles am Leben, in mir,
aber auch im Austausch mit außen.
Außen brauche ich, um neue Anregung, Luft zu bekommen,
damit mein inneres Feuer weiterbrennen kann.
Innen brauche ich, damit diese Anregungen umgewandelt und
integriert werden und Neues schaffen.
Im stetigen Wandel erfahre ich mich.
Wandel mich und meine Umwelt.
Aber wie ein Löwenherz:
Gleichmäßig, regelmäßig, kraftvoll, liebevoll

Lustfaktor

Langsam vor sich hin kribbelnd, sich ausbreitend, steigernd,
wie ein Bach, der von der Quelle kommend
immer größer und mitreißender wird.

Ein lange vergessenes Gefühl kommt wieder
warm, weich, kräftig, pulsierend – Lust

Quelle und Antrieb des Lebens - mein Startkapital,
das ich brauche, um meine Ideen umzusetzen.

Lust zu leben
Lust zu verändern
Lust zu gestalten
Lust zu geben und zu nehmen
Lust zu lieben

Mit meiner Lust als Antrieb,
meinem Herzen als Kompass
und dem Verstand als Koordinator der nächsten Schritte

Und wo ist Deine Lust?

Macho

Wenn ich komme, tanzen alle nach meiner Pfeife.
Ich sage, wo es langgeht. Ich bestimme das Ziel.
Zweifler werden ignoriert.
Ich finde mich toll. Ich regle alles.
Gefühle prallen an mir ab. Dagegen bin ich immun.
Die anderen setze ich so ein, wie ich sie brauche.
Ansonsten kümmere ich mich nicht um sie.
Ich halte mich für den Mittelpunkt der Welt.
Ich schnippe mit den Fingern und meine Wünsche werden erfüllt.
Frauen sind mir untergeben.
Gleichberechtigung => Fehlanzeige
Ich genehmige bestimmte Freiheiten,
halte sie mit Aufmerksamkeiten bei Laune und sehe zu,
dass sie nicht auf eigene Gedanken kommen.
Denn diskutieren kann ich nicht, kenn ich nicht.
Meine Meinung reflektieren und darlegen?
Was meinst Du damit?
Ich habe keinen Tiefgang und keinen Bezug zu inneren Abläufen.
Da weiß ich gar nicht, wo ich suchen sollte.
Ich kenne mich, ehrlich gesagt, gar nicht wirklich.
Ich kenne nur meine Fassade, die ich hege und pflege.
Ganz schön leer ist es, wenn ich so in mich hineinschaue.
Und orientierungslos fühle ich mich dabei.
Ich habe keine Karte, keinen Plan für mein Innenleben.
Und vielleicht ist es doch gut, jemand anderen zu bitten,
etwas Licht in dieses Dunkel zu bringen.
Denn alleine bin ich damit überfordert.

Magie

Hokuspokus fidibus
Hex hex
Simsalabim
Für Dich gibt es viele Worte, Geschichten,
Heimlichkeiten und Mysterien.
Dunkel, sagenumwoben
Ein endloser Kampf zwischen Schwarz und Weiß
Eine große Unbekannte bist Du,
nicht richtig greifbar, packbar, einordbar.
Viele Scharlatane halten sich in Deinem Nebel auf.
Es ist Zeit, aufzuräumen und Licht hineinzulassen.
Magie ist möglich.
Wandlung ist möglich.
Wunder sind möglich.
Allerdings sind es zuerst die einengenden Gedankenmuster und
Vorstellungen, die ich gehen lassen muss, damit ich sie sehe.
Schaue ich mit Scheuklappen, werde ich sie nicht sehen.
Ich brauche Weite und Offenheit in mir,
damit sich Wandlungen vollziehen können.
Ich brauche Feingefühl und Intuition,
damit ich Wunder spüren und erleben kann.
Werde ich feiner und weiter in meiner Wahrnehmung,
sind plötzlich Veränderungen möglich, die zuvor **undenkbar** waren.
Andere sagen dazu Magie.
Ich sage **Leben**!

Manipulation

Es sind unsichtbare Hände,
die sich ihren Weg bahnen, suchen, ganz gezielt zupacken.
Sie kennen die Stellen, an denen sie alles im Griff haben,
die Herrschaft über das andere System ausüben.
Diese Hände sind hinterhältig und manchmal nicht leicht zu
erkennen.
Also, vorsichtig bei allen Handlungen, Taten und Worten.
Von wo kommen sie?
Vom Herzen?
Oder kommen sie aus der Angst, aus dem Gefühl von Mangel,
aus der Unsicherheit gegenüber dem Leben?
Wenn ich aus Angst handle, halte ich mich geschlossen.
Ich schütze mein Herz und versuche beim anderen das zu
bekommen, was ich bei mir vermisse.
Dieses Spiel kann ich nur beenden, wenn ich mich meiner Angst,
meinem Mangel, meiner Traurigkeit stelle.
Denn diese braucht mich hier am meisten.
Hier braucht es Verständnis, Liebe, Annehmen,
damit sich dieses Kind in mir angenommen und geliebt fühlt.
Damit es weiß, dass ich immer für es da sein werde und mich um es
kümmere.
Hab keine Angst. Ich bin immer da.
Vertrauensvoll kannst Du Dich in meine Hände legen
und von dort aus das Leben spüren, genießen und erleben.
In meiner Hand liegt das Leben.
Was auch immer kommt.

Männlich	Weiblich
Ich grenze ab.	Ich löse auf.
Ich sage Nein.	Ich sage Ja.
Ich bin der Rahmen.	Ich bin das Bild.
Ich bin hart.	Ich bin weich.
Ich entscheide.	Ich bilde das Wofür.
Klare Linie	Weite Vielfalt
Ich bin greifbar.	Ich bin unbegreiflich.
Ich trage.	Ich gestalte.
Tat. Plan. Ordnung.	Impuls & Chaos
Hafen	weites Meer

Die Gegensätze sind unendlich.

Entsteht ein Pol, entsteht auch immer sein Gegenteil.

Nur einen wird es nie geben.

Erst beide Seiten bilden das Ganze.

Also, nehme ich beide und werde Eins.

Meine Betrachtungsweise

Ich sehe Dich nicht nur allein.
Ich sehe Dich im Kontext zu Deinem Umfeld.
Deine Umgebung spiegelt Dich wider.
Ihr gehört zusammen.
Ein Stau im Umfeld ist auch ein Stau in Dir.
Wasser spiegelt Deine Gefühle.
Sie können sich nicht einfach zeigen.
Sie sind verputzt, suchen sich andere Wege zum Sichtbarwerden
und zeigen sich im Schimmel Etagen höher.

Nimm den Putz von Deinen Gefühlen.
Lass sie sich so zeigen wie sie wirklich sind.
Ohne Stau, ohne Fassade oder Versteckspiel.
Was ist schlimm an Liebe, Zuneigung, Freude,
Angst, Zurückhaltung, Trauer, Wut, Enttäuschung, Hilflosigkeit,
Schwäche, Zartheit, Feinfühligkeit?

Gefährlich werden sie erst,
wenn sie nicht da sein dürfen,
nicht fließen dürfen,
sich anstauen und explodieren.

Es ist Zeit, die Gefühle freizulegen und zu erfahren,
dass das der leichtere, einfachere Weg ist,
zu leben, zu lieben, Mensch zu sein.

Meine Reise

Ich wollte die Gegensätze kennenlernen
Die Extreme, die Isolation, die Einzelteile
Jedes Einzelteil kenne ich jetzt.
Ich kenne die Puzzleteile und trage sie bei mir.
Allesamt.
Die Zeit ist gekommen, ein Ganzes daraus zu machen.
Das große Gesamtbild zu erkennen.
Den großen Plan, der hinter den Einzelteilen steht.
Was ergeben sie alle zusammen?
Was stellen sie dar?
Was wollen sie sagen?
Ich lege sie langsam zusammen.
Betrachte das Werden des Ganzen

Ich erkenne den Zusammenhang.
Ich erkenne die Verknüpfungen.
Ich habe Verständnis für die Entwicklungen in meinem Leben.
Ich empfinde Mitgefühl und Dankbarkeit mit allen Beteiligten.

Es entsteht eine Spiegelwand, die mich umgibt.
Ich sehe mich in allem und lächle mich an.
Was von mir ausgeht, kommt auch wieder zurück.
Indem ich das begreife, öffnet sich eine Tür und ich schreite durch in
die Freiheit.

Meine Stimme

Leise, klein, zurückhaltend ist sie noch.
Schüchtern könnte man es nennen.
Sie kennt den Hintergrund, das Unauffällige.

Doch ich weiß auch, dass sie da nicht bleiben wird.
Ihr Platz wird sich ändern.
Ihr Volumen wird zunehmen.
Ihre Reichweite wird größer werden.
Sie wird wahrgenommen werden.
Sie wird klarwerden.
Sie wird scharf werden, wenn es Schärfe braucht.
Sie wird weich werden, wenn es Weichheit braucht.
Sie wird ihre Variationsbreite offenbaren.
Manchmal Töne.
Manchmal Sätze.
Manchmal Lieder.
Schwingungen in unterschiedlicher Form
All dies geschieht im Zusammenspiel mit dem Herzen.
Jeder Ton kommt von dort mit dem klaren Ziel,
die Mauern zu zerstören,
die die Schönheit und das Licht verdecken.

Ton für Ton
Stein für Stein
Sein für Sein

Meisterschaft

Der Kreis schließt sich
Anfang und Ende begegnen sich und werden Eins.
Es ist an der Zeit,
alle Erfahrungen dieses Weges nach innen zu tragen
und sie in meinem inneren Schmelztiegel
zu wandeln und zu integrieren.
Was daraus entsteht, Bin Ich
Untrennbar mit mir verbunden.
Ich spreche
Ich fühle
Ich gebe
Ich nehme
Ich Bin Sein und Handeln
Innen wie außen
Aus dieser inneren Quelle
kommt alles und fließt wieder zurück.
Mit diesem Wissen kann ich
größere Kreise ziehen und
mich weiterausbreiten.
Ich kann
aufbrechen zu neuen Expeditionen und neuen Kreisen,
die mir all das widerspiegeln,
was sich in mir verbirgt.
Gott sei Dank

Melancholie

Erinnerungen aus längst vergangener Zeit tauchen immer wieder auf und beleben immer wieder aufs Neue den Schmerz und die Unfassbarkeit des Geschehenen.
Liedfetzen entführen mich in alte Situationen und weben mich ein in einen Nebel und lassen das Leben draußen stehen.
So viele Tränen sind geweint,
so viele Briefe im Kopf geschrieben,
so viele Dialoge ausgetauscht,
so viele Möglichkeiten im Kopf vorgestellt und ausgemalt.
Was wäre gewesen wenn? Wie wäre es gewesen?
Ein Festhalten an erlebten Szenen und bittersüßen Begegnungen mit der Hoffnung auf ein Happy End.
In jedem Moment Dich zu fühlen, zu spüren und zu warten, dass Du gleich auftauchst.
Dein Gesicht überall zu sehen und wieder enttäuscht zu sein, weil Du es nicht warst.
Immer in Erwartung zu leben, im Hoffen auf ein Lebenszeichen, dass es Dich für mich noch gibt.
Es ist wie ein schleichendes Gift,
das ich auf mich wirken lasse,
das mich abtötet und unempfindlich macht für das wahre Leben.
Es ist wie ein schwerer Mantel, der sich immer enger schnürt,
der mir die Luft zum Atmen nimmt. Ein Deckel auf meinem Herzen.

Diesen Mantel zu sehen und zu spüren, gibt mir aber auch die Möglichkeit, ihn ablegen zu können. Ihn ablegen zu können, wenn die Erinnerungen mich so sehr einschnüren, dass ich keine Entfaltungsmöglichkeiten mehr habe.
Wenn ich ihn satthabe und sagen kann: Es reicht.
Denn nur, wenn ich diesen Zustand satthabe,
werde ich die Kraft haben, um ihn beenden zu können.

Mein Mantel ist alt geworden.
Er ist zu eng, zu schwer und zu dunkel für mich.
Ich will nicht mehr in der Dunkelheit herumirren,
mich im Nebel verlieren.

Ich will leben mit frischen Gefühlen, neuen, klaren Farben und neuen Begegnungen.
Ich will mich spüren – hier und jetzt.

Du wirst immer ein Teil von meinem Leben bleiben,
ein Bestandteil, der mich vieles gelehrt und mir vieles gezeigt hat.
Wichtig für mich, aber keine Endstation,
sondern eine Möglichkeit zu wachsen.

Menschenkind

Da stehe ich nun auf diesem Planeten.
Ganz Mensch. Mit den Füßen auf der Erde
Füße, mit denen ich den Halt von Mutter Erde spüren kann:
Die Geborgenheit, die Fürsorge, den Halt einer Mutter
Dieses: „Ich bin da, wenn alles zerbricht."
Dieses Vertrauen auf diesen Halt.
Komme, was wolle. Du bist da.
Das ist mein Fundament, mein Ausgangsort.
Von hier aus wachse ich, bekomme Kraft und Nahrung.
Du formst meinen Körper und hältst ihn am Leben.
Ohne Dich, wäre ich nicht.
Ich wachse durch Dich, richte mich auf,
breite mich aus im tiefen Vertrauen, das ich durch Dich habe.
Ich strecke mich dem Himmel entgegen und kann sie spüren,
diese andere Seite:
Licht, durchlässig, strahlend.
Ich strecke mich der Sonne und den Sternen entgegen.
Gegenseite zur Erde, Tor zum Unendlichen.
Ohne Erde – keine Weite
Ohne Boden – keine Früchte
Ohne Halt – kein Wachstum
Wie sollte ich Weite empfinden,
wenn ich keinen stabilen Ausgangsort hätte?
Ich bin ein Menschenkind. Mit den Füßen auf diesem Planeten.
Mit meinem Körper als Raum für das Weite, Unendliche,
das in mir seinen Platz gefunden hat.

Mitteilen

Ich halte ein großes Paket in meinen Händen.
Eine Vielzahl an Erlebnissen, Eindrücken, Emotionen.
Die Welt ist so bunt, so wunderschön, so variantenreich.
Das Paket möchte ich teilen.
Ich möchte es mitteilen, auspacken, entdecken.
Ich möchte es nicht nur für mich behalten.
Denn so werde ich viele Aspekte,
die darin verborgen sind,
nie in ihrer Gesamtheit erfahren.
Dafür braucht es ein Gegenüber.
Jemand, der sich mit mir auf diese Entdeckungsreise Leben macht.
Der sein Paket mit mir teilt und Freude daran hat,
die scheinbaren Kleinigkeiten ans Tageslicht zu holen.
Ich bin ein Entdecker, ein Eroberer, ein Abenteurer.
Aber mein Abenteuer heißt Alltag, Leben, Liebe.
Ich nehme diese Staubschicht vom Alltag,
putze ihn blank und mache deutlich,
dass die großen Schätze
sich in den banalen Einfachheiten des Alltags verstecken.
Ein Kuss,
ein Blick,
eine Geste,
ein Sonnenstrahl im Tautropfen,
eine Blume, einfach so.

Missverständnis

Schon wieder kam das,
was ich sagen wollte, nicht bei Dir an.
Was meinst Du mit Deinen Worten?
Was meine ich mit meinen?
Ärger, Wut, Verzweiflung bauen sich auf.
Schuldzuweisungen entstehen
Distanz wächst
Das Fragezeichen wird noch größer.
Wir könnten darauf noch mehr aufbauen.
Es zu Ignoranz, Zurückziehen, Opferspielen hochbauschen.
Doch bringt das was?
Nein!
Die Frage ist doch:
Was wollen wir uns wirklich sagen?
Worum geht es uns wirklich?
Was ist die Essenz unserer Aussagen?
Was suchen wir wirklich?
Lass uns dort mal tiefer graben.
Du für Dich und Ich für mich.
Was findest Du dort in der Tiefe?
Um welches Gefühl dreht es sich bei Dir?
Um welches Gefühl dreht es sich bei mir?
Damit kommen wir dem Kern ein ganzes Stück näher
Und verwickeln uns nicht mehr in diese endlos spielbaren
Opferspiele.
Und jetzt Klartext:
Was bleibt von den ganzen Konflikten übrig?

Um was drehte es sich überhaupt?
Welche Verletzungen hast Du bei Dir entdeckt?
Und ich bei mir?
Was durftest Du endlich erkennen und lernen?
Und was ich?
Ist jetzt die Zeit reif, diese Wunden heilen zu lassen?
Lass uns nicht kämpfen, sondern lernen.
Lass uns ehrlich zu uns selbst sein,
auch wenn das manchmal schmerzhaft ist.
Aufdecken ist hilfreicher als verdrängen.
Wenn jeder bei sich bleibt, kann Heilung entstehen.
Denn im Grunde fängt jeder Konflikt in mir selbst an
und findet im außen nur seine Resonanz.
Also bleibe ich bei mir
Und kläre in mir, was den Ärger im außen hervorbringt.
So aufgeräumt kann ich Dir dann auch klar meine Beweggründe
erläutern
Und klare Kommunikation ist endlich möglich.
Für Dich und mich.
Miteinander. Klar. Verständlich.

Mut gewinnt

Ich sehe die Welt anders – sage ich es auch?
Ich möchte in die andere Richtung – mache ich es auch?
Ich brauche heute Zeit für mich – nehme ich sie mir auch?
Ich habe heute Lust zu tanzen – werde ich es auch?
Mir kommt da gerade eine Idee – setze ich sie auch um?

Für all diese Schritte brauche ich Mut.
Denn hier verlasse ich den bequemen Einheitsbrei,
die Komfortzone meines Lebens.
Hier entsteht Reibung, Unterschied, Leben.
Hier werde ich sichtbar, anders, unbequem.
Hier durchbreche ich Gewohnheiten und Muster.
Hier rege ich an und auf, sich selbst auch zu fragen, zu bewegen, zu leben.

Mutig eben.

Natürlichkeit

Ich bin die, die ich bin.
Keine Schnörkel
Keine Verpackung
Kein doppelter Boden
Ich bin klar, rein
Und stehe für das, was ich bin.
Ich verzerre nicht,
ich bilde nur ab, was ist.
Ich spiegle Dich.
Ich spiegle Deine Facetten, Deine Ecken und Kanten.
Wenn Du aber furchtlos in mich schauen kannst,
spiegele ich noch viel mehr.
Schaust Du tiefer,
erkennst Du Dich,
erkennst Du mich,
erkennst Du …

Du erkennst die Schönheit
Deine Schönheit
Meine Schönheit
Alle Schönheit
Ab diesem Punkt hört die Abhängigkeit auf
Und die Freiheit beginnt.
Natürlich zu sein.
Einfach zu sein.

Neuer Pfad

Aufgeregt stehe ich nun hier.
Dort, wo ich noch nie zuvor gestanden habe.
Es ist ein neuer Weg, der nie vorgesehen oder angedacht war.
Stück für Stück hat er sich aufgebaut,
hat Form und Struktur angenommen
und ist deutlicher geworden.
Jetzt ist er bereit.
Bereit zum Betreten werden.
Jungfräulich, neu, noch nie ist ihn jemand gegangen.
Achtsam stehe ich hier,
denn ich kenne seine Entstehungsgeschichte.
Herzklopfend den Fuß hebend
Und den Startschuss gebend
Für meine ersten Schritte auf meinem neuen Weg.
Was daraus wohl entsteht?

Neues Leben

Da wächst etwas in mir.
Noch ist es ein kleiner Funke,
der gerade angegangen ist.
Leicht zu übersehen,
aber nicht mehr lange.
Er wird größer werden,
wachsen, sich Platz machen, ausbreiten.
Behutsam werde ich ihn schützen, warmhalten und nähren.
Ich passe gut auf Dich auf.
In mir darfst Du in Ruhe Deine Form finden und ausbauen,
bis Du reif für die Außenwelt bist.
An diesem Punkt werde ich all meine Kraft,
all mein Wesen einsetzen,
um Dich auf die Welt zu bringen.
Alles bisher Dagewesene lasse ich dann hinter mir.
Mit Dir beginnt ein neues Leben mit neuer Ausrichtung.
Ich werde lieben, wie ich nie zuvor geliebt habe.
Ich werde sein, wie ich nie zuvor gewesen bin.
Ich werde hier sein, da sein, Schutzengel sein
Auf Deiner Expedition ins Leben.

Neugierig

Im Austausch mit Dir werde ich neugierig.
Denn wenn Du erzählst, bleibt vieles offen.
Es sind kurze Einblicke in Dich, Dein Leben mit der Ahnung auf
mehr.
Das macht neugierig tiefer einsteigen zu wollen in diesen Austausch.
Ich möchte Deine Perspektiven kennenlernen,
Deine Ängste, Deine Wünsche.
Ich möchte entdecken, was sich noch alles verbirgt in diesen
Andeutungen.
Austausch mit Dir inspiriert, macht wach und aufmerksam.
Du entdeckst Details, stellst entwaffnende Fragen und förderst die
Klarheit.

Austausch mit Dir heißt:
Aufwachen, lebendig sein und teilnehmen.
Aber mit viel Achtung vor Deinem inneren Kern,
der durch all Deine Ausdrücke scheint.
Darum bin ich neugierig.

Neuordnung

Liegt der Sinn meines Lebens wirklich in der Zukunft?
Ist das der Punkt, auf welchen ich hinarbeiten soll?
Um später mal…?
Dieses „ich mache das jetzt, um später mal etwas dadurch zu erreichen" stört mich.
Es stört mich, weil dadurch die Gegenwart nur ein Mittel zum Zweck wird.
Sie steht an 2. Stelle und dient dem eigentlichen Zweck in ferner Zukunft, unerreichbar.
So will ich nicht mehr leben.
Diese um-zu-Verbindung streiche ich.
Mein Schwerpunkt liegt auf dem Jetztgerade.
Denn jetzt bin ich im direkten Kontakt mit Dir.
Denn jetzt bin ich auf Tuchfühlung mit dem, was gerade geschieht.
Ich kann es jetzt wahrnehmen und erfahren.
Alles andere wird zur Kopie der Kopie der Kopie
Und verliert immer mehr an Farbe.

Neustart

Nullpunkt erreicht
Leere und Form
In mir ruhend
Im Mittelpunkt angekommen
Seiend, atmend
Im Schnittpunkt aller Ebenen
Wo jede Spiegelung sich auflöst
Warm, geborgen, den Herzschlag,
den Pulsschlag von Mutter Erde spürend
Angekommen an meinem Punkt im Ganzen
Einatmend, mich inspirieren lassend
Vom Großen, das darin wirkt
Ausatmend, meine Inspiration nach außen tragend
Atem gebend, Nahrung gebend
für die Menschen, die mit mir verbunden sind
atmend, Leben, Leuchten, das Große in die Welt tragend, liebend
Ich seiend

Novemberkind

Wenn andere sich zurückziehen,
kommst Du raus.
Wenn es für andere unbequem, dunkel und ungemütlich wird,
bist Du da.
Du bist nicht zufällig in diesem Monat geboren,
in dem sich das Leben in sich selbst zurückzieht.
In dem es dunkel, nass und kalt ist und der Tod ein bewusster
Begleiter.
Genau das ist Deine Zeit.
Du hast die Energie des gesamten Jahres gesammelt,
um jetzt hier zu sein.
Klar, deutlich, scharf begrenzt.
Wie ein Sonnenstrahl,
der durch die dunkle Wolkendecke bricht und die Bedeutung des
Lichts hervorhebt.
Ein Strahl reicht, um die gesamte Dunkelheit aufzuheben
und deutlich zu machen,
dass hinter den Wolken so viel mehr vorhanden ist.
Nutze diese Gabe und werde Dir ihrer bewusst.
Denn das ist Dein Geschenk,
was Du im Inneren trägst und endlich entdeckt und gelebt werden
möchte.
Pack es aus
und werde Licht.

Perlenschimmer

Durch Reibung bin ich wohl entstanden.
Reibung immer, unentwegt.
Das Sandkorn schmerzte,
trieb zur Handlung,
zur Heilung immer hin und her.
Ich lernte Wandeln in der Reibung.
Schicht für Schicht herum gelegt.
Ich wuchs und wuchs in all der Wandlung
Und formte dieses Kunstwerk hier.
Jetzt ist sie fertig diese Perle.
Ich geb sie frei ans Tageslicht.
Ganz schillernd, glänzend
Dank der Wandlung.
Ja, Sandkorn, von Dir habe ich es so gelernt.

Pfad des einen Herzens

Synchronisation erfolgreich abgeschlossen.
Beide Systeme auf einer Wellenlänge vereint und miteinander verbunden.
Individuell und das große Ganze befinden sich im Einklang.
Entscheidungen auf dieser Ebene dienen dem großen Ganzen.
Sie sehen und berücksichtigen den größeren Kontext
Und haben Auswirkungen durch alle Schichten hindurch.
Sie verändern grundlegend.
Sie stoßen an und kommen an.
Ich bin Teil des Ganzen und handele im Wissen um meine Verbundenheit.
Von Null bis zur Unendlichkeit breite ich mich aus und kehre zurück.
Fließend, dynamisch, rhythmisch
In jeder Zelle, jedem Atom
Wie ein alter, uralter Strom

Phantomschmerz

Es ist ein unsichtbarer Stachel in meinem Körper.
Ein immerwährender wunder Punkt,
der sich aktiviert, wann er will.
Enttäuschung, Verlust, Traurigkeit,
Alleinsein, Leiden, Untergehen,
Sterben, Hilflosigkeit, Ohnmacht

Das Gefühl, alles zerrinnt zwischen meinen Fingern.

Lange bin ich vor diesen Gefühlen weggelaufen.
Ich habe es vermieden, mich ihnen zu stellen.
Aus Angst vor Konfrontation bin ich lieber in meiner Traumwelt
geblieben.
Ich habe gepinselt, gemalt und habe immer wieder neue Situationen
im Kopf erschaffen.
Ich möchte nicht mehr nur träumen.
Ich habe diesen Zustand satt.
Ich möchte
klare Begegnungen,
klare Äußerungen und
klare Entscheidungen.
Dieses Herumirren und –eiern geht mir auf den Geist.
Deswegen kommt dieser Schleier jetzt weg.
Deswegen lüfte ich jetzt meine Wünsche und Geheimnisse,
damit diese eine Möglichkeit haben,
das Licht der Welt zu erblicken und zu wachsen.

Potential

Ich besitze eine geheime Schatztruhe.
Gut versteckt
Nur ich weiß, wo sie steht.
Ich habe den Schlüssel.
Und jetzt sind die Zeit und der Raum vorhanden,
diese Kiste endlich aus der Dunkelheit hervorzuziehen.
Liebevoll säubere ich sie vom alten Staub.
Lange hat sie auf ihren Einsatz warten müssen.
Aufgeregt, mit Herzklopfen stecke ich den Schlüssel ins Schloss
und drehe ihn um.
Klack…meine Zauberkiste springt auf.
So viele Möglichkeiten
So viele Talente
So viele Wege
So viele Gefühle
So viele Farben
So viele Töne
So viel Leben
So viel Liebe
Unendlich wandelbar, wunderbar, sternenklar

<u>Achtung Privatsphäre!!!</u>

Hier steht ein Stoppschild.
Hier gibt es eine klare Grenze.
Und die gilt auch für Dich.
Denn hier beginnt es – mein eigenes Reich,
das nur ich betreten kann und möchte.
Diesen Bereich brauche ich,
um in Ruhe zu reifen.
Um klar werden zu können und
Um eine Möglichkeit zu haben,
diese Klarheit dann nach außen zu vermitteln.

Ich brauche diesen Abstand von Dir, vom Alltag, vom Trubel,
damit ich auch wieder klar erkennen kann,
was es ansonsten noch an wichtigen Aspekten in meinem Leben
gibt.

Privatsphäre ist
Ruheraum
Aufklärraum
Entspannungsraum
Entfaltungsraum
Entwicklungsraum
Einfach ein (T-) Raum

Reizpunkt

Ich bin nicht leise.
Ich bin laut.
Eine schöne diplomatische Verpackung für meine Meinung
wirst Du bei mir nicht finden.
Ich sage, was ich denke.
Einfach so.
Damit übertrete ich Grenzen.
Damit zerstöre ich Tabus und sorge für Aufregung.
Ungesehen bleibe ich nicht.
Ich bin auffällig, in dem wie ich bin.
Ich schwimme nicht mit dem Strom.
Ich gehe meinen eigenen Weg,
auf meine individuelle Art und Weise.
Ich bin ein Reizpunkt.
Ich setze Reizpunkte.
Aber genau das macht mich aus.
Ich bin wie das Salz in der Suppe.
Ohne mich wäre es fade, eintönig, angepasst.
Ich rüttle an diesen Gewohnheiten.
Und bringe somit frischen Wind und Farbe in mein Leben
Und das meiner Mitmenschen.
Reizpunkte sind Anreizpunkte.
Punkte mit der Möglichkeit in Bewegung zu kommen,
Grenzen zu überschreiten und seinen eigenen Horizont zu erweitern.
Und jetzt mal ehrlich.
Was reizt Dich?

RESPEKT

Kenne ich meine Wünsche, Träume, Sehnsüchte?
Weiß ich, was ich brauche?
Weiß ich, was mir guttut?
Spüre ich, wenn es mir zu viel wird?
Achte ich auf mich?
Respektiere ich mich?
Ich fange an, auf mich zu achten.
Ich fange an, mich wahrzunehmen.
Nicht, was ich sein soll, fühlen soll, machen soll.
Nein, mich, wie ich gerade bin.
Auf Dich zu treffen, bedeutet:
Dich zu sehen, wie Du bist
mit Deinen Wünschen, Bedürfnissen, Erfahrungen und Geschichten.

Du bist stimmig, wie Du bist.
Du darfst sein, wie Du bist.
Mit Dir zusammen zu sein bedeutet:
Jeder hat seinen Raum, seinen Kosmos, den nur er allein kennt.
Deine Tiefen kannst nur Du allein erkunden.

Aber vielleicht können wir auch zusammen auf Tiefgang gehen.
Jeder für sich beobachtend und den anderen daran teilhaben lassen
An der Reise in die Tiefe

Ruhe

Ist Ruhe das Ergebnis von Arbeit?
Darf ich erst ruhen, wenn alles erledigt ist?
Und werde ich das je schaffen?
Ist Ruhe die Belohnung für meine Mühen?
Ist Ruhe notwendiges Kraftschöpfen, weil ich einfach
körperliche und geistige Grenzen habe?
Ist Ruhe gut und darf ich sie offen fordern?

Ruhe übersieht man leicht,
denn sie ist ja still, leise und einfach da.
Sie wehrt sich nicht lautstark.
Sie präsentiert sich nicht
Und stellt sich nicht ins Rampenlicht.
Sie ist da. Einfach, still, leise.
Fällt der Lärm weg, bleibt sie.
Sie ist Grundlage, nicht Ergebnis.
Um sie muss ich mich nicht abschuften, bemühen, alles geben.
Sie ist natürlicher Ausgangspunkt, Grundrecht und Normalzustand.
Sie steht mir zu.
Ich darf sie fordern. Ich darf sie schützen. Denn sie hat keinen
Vertreter.
Ruhe ist einfach da.

Ruhezeit

Konturen verwischen, Ecken werden weich
und Bereiche kommen sich näher,
die sonst gut getrennt voneinander zu existieren scheinen.
Eingepackt unter einer schweren Decke aus weißem Schnee
leuchten die Lichter aus den Häusern wie kleine Lampen von
Leuchttürmen,
die sicher den Weg nach Hause weisen.
Nach Hause, zu diesem warmen, wohligen Ort im Innerem.
Dort, wo mir nichts passieren kann.
Dort, wo ich immer wieder ausruhen,
Kraft schöpfen kann für neue Expeditionen, Ideen, Aufgaben,
die ich nach außen tragen möchte, weil sie aus meinem Herzen
kommen.
Diesem Ort, wo mein inneres Licht leuchtet, auch wenn es außen
dunkel ist,
ich meinen Weg nicht mehr erkennen kann und mich zurückziehe,
um bei besserer Sicht wieder nach außen zu treten und Spuren zu
suchen.
Es ist Zeit, mich einzusammeln, alles ruhen zu lassen und darauf zu
warten,
was bei Schneeschmelze Neues aus mir entstehen möchte.
Der Same ist längst gelegt.

Sanftheit

Du stehst mir gegenüber und möchtest gerne zur Seite schauen.
Rechts – links – oben - unten
Vielleicht gibt es noch ein Versteck,
in das Du Dich verkriechen kannst, damit Du mich nicht siehst.
Ich stehe hier wissend lächelnd. Ich brauche nichts tun.
Ich brauche keine Zwänge auszuüben.
Ich brauche keinen Druck, keine Bedingungen.
Meine Kraft ist eine andere.
Sie kommt von innen, ist einfach da, ohne Anstrengung.
Wo ich auch bin, trage ich sie bei mir.
Kommst Du in Kontakt mit mir, spürst Du sie auch.
Du spürst aber auch Deine Mauern,
die Dich von diesem Gefühl trennen.
Und Du spürst die Angst, diese Mauern abzulegen.
Denn was passiert dann?
Was ist dann, wenn Dein Panzer nicht mehr da ist?
Du fühlst tiefer,
Du spürst tiefer,
Du lebst tiefer,
Du bist tiefer.
Du bist dann in Kontakt mit Dir und Deinem Umfeld.
Verbunden auf eine nie vorher wahrgenommene Art und Weise.
Ich stehe hier.
Ich warte hier.
Denn ich weiß, dass meine Kraft durch alles hindurchwirkt
Und dort ankommt, wo sie hingehört.
In Dein Herz.

Schachspiel Leben?

Wenn ich das jetzt mache, wird das und das geschehen.
Wenn ich Dir das jetzt gebe, bekomme ich jenes dafür.
Weil ich das jetzt von Dir bekommen habe,
bin ich jetzt auch verpflichtet, dieses oder jenes zu geben.

Taktische Überlegungen und Strategien, die hier ihren Platz haben.
Aber funktioniert so Leben? Lässt es sich so planen?
Und fügt sich Leben hier ein?
Und von welcher Ebene kommen all diese Strategien?
Vom Herzen?
Wohl eher nicht!
Dies sind alles Maßnahmen, um das Leben in Plänen einzufangen,
es berechenbar zu machen, zu sichern, zu kontrollieren.
Es tut mir leid, aber hier spiele ich nicht mehr mit.
Wenn ich etwas schenke, sage, gebe, dann kommt das von Herzen.
Spontan.
Ich plane es nicht. Ich erwarte nichts. Ich strafe nicht.
Im Zusammenspiel bin ich dann nicht mehr so leicht zu
durchschauen.
Spielzüge lassen sich nicht mehr im Voraus berechnen.
Ich werde überraschen,
Dich vielleicht enttäuschen.
Aber dann hättest Du ja auch schon wieder etwas von mir erwartet
Und mich in meiner Reaktion festgelegt.
Also trau Dich
Wirf die Pläne und Strategien über Bord
Und lass Dich überraschen vom Leben.

Scheinheiligkeit

Immer lächle ich,
immer ist alles in Ordnung.
Probleme sind alle lösbar.
Ich bin so verständnisvoll, immer da und zuverlässig.
Wie mich dieses Dauerlachen ankotzt!
Auch ich habe eine andere Seite.
Auch ich habe Emotionen, die ich nie zeige.
Ich lasse sie endlich raus.
Ich zeige meine wahren Emotionen
und nicht nur diese ewig gleiche, lächelnde Hülle.
Ansonsten bin ich nie ganz da.
Ansonsten bin ich nie authentisch.
Außen und innen passen nicht zusammen.
Ich stehe endlich zu dem, was innerlich abgeht
und mache es sichtbar.
Ich zeige es.
Denn nur so habe ich die Kraft,
mein Umfeld zu verändern und zu gestalten.
Als halbe Portion schaffe ich das nicht.

Schattenspiel

Endlich stehen wir uns gegenüber,
mein Schatten und ich.
Es hat lange gedauert.
Häufig bin ich geflüchtet.
Doch jetzt ist es soweit.
Ich blicke Dir tief in die Augen
Und weiche dem Blick nicht mehr aus.
Ich stelle mich Dir und schaue,
was ich all die Jahre auf mein Umfeld projiziert habe.
Kalte Beobachtung
Neutralität
Wir werden schon sehen.
Ich erreiche mein Ziel,
mit allen Mitteln.
Ich nehme den Kampf an,
durch alle Schichten,
mit allen Waffen.
Hinterhältig und gerissen,
manchmal offen und hässlich.
Ich stehe für meine Überzeugung,
bis zum bitteren Ende.
Stur, hartnäckig, verbissen.
Keine Kompromisse.
Koste es, was es wolle.
Das alles führt mein Schatten mir vor Augen.
Wo mein Schatten ist, muss aber auch mein Licht sein,
sonst gäbe es ihn gar nicht.

Jetzt heißt es umdrehen und das Licht betrachten.
Das habe ich die ganze Zeit gesucht.
Danach habe ich mich die ganze Zeit gesehnt.
Ich setze mich hin,
werde still und empfange.
Ich empfange die Wärme.
Ich empfange die Ruhe.
Ich empfange die Geborgenheit.
Ich empfange die Liebe.
Tiefes Verstehen und Ankommen breiten sich aus.
Es gibt nichts zu tun.
Es gibt nichts zu erreichen.
Ich lasse all die schmerzhaften Kämpfe und Erinnerungen
mit dem Gefühl von Getrenntsein vorbeiziehen,
betrachte all die Emotionen,
die ich in diesem Zustand erlebt habe.
Es war eine lange Lehr- und Lernzeit bis zu dieser Erkenntnis.
Das Buch der Schatten schließe ich jetzt
Und öffne dafür mein Leben im Licht, als Licht.

Schon genug?

Mal ganz ehrlich – reicht Dir das?
Ist das Leben?
Ist das Fülle?
Ist das ganz da sein?
Ganz auf Tuchfühlung mit dem Leben?
Hmm, wirklich?

Für mich ist das noch nicht alles.
Für mich gibt es noch weitere Ebenen.
Noch mehr Möglichkeiten, mich dem Leben zu öffnen.
Ich möchte mehr von Dir spüren – **Leben**-
Mich ganz auf Dich einlassen,
ohne Trennschicht mit Dir verbunden sein.

Ich habe noch nicht genug von Dir.
Ich möchte mehr über Dich und mit Dir erfahren.
Untrennbar mit Dir die Welt erleben.
Eins zu eins, ganz und gar,
In keiner Kopie, in keiner Schmalspurversion
Echt, live und 100% dabei

Das Schwarze-Witwen-Prinzip

Ich bin betörend. Ich locke Dich an.
Deine klaren Gedanken funktionieren nicht mehr.
Ich lege Dich lahm,
egal wie toll und autonom Du vorher gewesen bist.
Ich bekomme, was ich will. Ich kenne alle Wege.
Ich bin gerissen.
Eine Meisterin im Verschleiern
Und Du merkst es noch nicht einmal.
Denn ich spiele naiv, unschuldig,
die arme, schwache Frau, das Opfer.
Alles Kalkulation!
Denn wenn ich habe, was ich will, kannst Du Dich verabschieden.
Ich nutze Deine Energie für meine Pläne,
sauge Dir den Saft aus, bis Du am Boden liegst.
Und dann stelle ich mir die Frage:
Brauche ich Dich noch? - Nein, wohl eher nicht.
Vorsichtig Männer bei unschuldig schauenden Frauen.
Erwartet alles!
Rechnet mit allem!
Und seit auf der Hut!
Achtung Frauen hinterfragt Eure Motive:
Sind sie Berechnung? Persönlicher Gewinn? Egoistische Pläne?
Seid Euch Eurer dunklen Seiten bewusst, entlarvt, enttarnt sie
und beendet dieses parasitäre Spiel
für ein gleichberechtigtes Miteinander.

Schlangenweg

Hinterhältig, leise, plötzlich auftauchend, eine latente Gefahr, die überall lauern kann.
Blitzschnell zuschlagend, Dich überraschend, tödlich

Plötzlich der Gefahr gegenüberstehend
- Wissend, dass es eine sein kann
- Bewusst sein, dass es hier gefährlich wird
- Ein Spiel auf Leben und Tod
- Ganz darauf ankommend, wie Du es spielst, wie Du es siehst, wie Dein nächster Schritt aussieht

Einmal gebissen, kann das Gift schleichend wirken, Dich langsam abtöten.
Du kannst das Gift aber auch nutzen, heilsam, in der richtigen Dosis, in der richtigen Anwendung. Das rechte Maß finden. Das Maß finden, was Heilung bringt.
So, wie die Schlange sich fortbewegt, von einer Seite zur anderen.
Immer wieder beide Seiten integrierend, rechts und links, fließend, sich vorwärts bewegend, ohne sich von ihrem Weg abbringen zu lassen.
Der Weg offenbart sich durch den Wechsel, durch den nicht auszulöschenden Instinkt:
- da geht es lang,
- da will ich hin

Durch den Wechsel der verschiedenen Positionen finde ich meine Mitte, meinen Ausgangspunkt, mein Zentrum.
Nicht sichtbar,
aber spürbare Achse all meiner Bewegungen.
Basis meines Seins
Immer wieder komme ich an Punkte,
an denen meine Hülle mich zu sehr begrenzt,
ich mehr Platz brauche.
Es ist Zeit meine zu enge Haut abzustreifen,
in etwas Neues zu wachsen,
um mich dann auf meinem Weg weiter voran zu schlängeln.
Stärker, kräftiger, reifer, startklar für neue Begegnungen.

Schwert der Wahrheit

Glasklar, rein und scharf
Ist der Schnitt mit diesem Schwert.
Es durchdringt alles
Mauern, Nebel, Illusionen, Dunkelheit
Sofort, ohne Schnörkel, direkt
Frage ich nach ihm, kommt die Antwort prompt.
Auf den Punkt gebracht
Mit dem Schwert mitten in die wunde Stelle.
Weglaufen geht nicht mehr.
Klare Aussage, klare Handlung ist gefordert.
Frage ich nach ihm, bin ich mir dessen bewusst.
Das Schwert lässt sich nicht durch alles bewegen,
sondern braucht die Verbindung zu meinem Herzen.
In dieser Einheit entstehen scharfe Schnitte, klare Linien und
Trennungen von überholten Mustern.
Befreiung von altem Ballast und Möglichkeit der klaren Sicht auf
mein Leben

Bin ich bereit?

<u>Seelenbilder</u>

Wie durch Zufall aufeinandergestoßen
Angezogen durch etwas Unerklärliches, was aber keinen Raum zum
Zweifeln lässt.
Im gegenseitigen Ausrollen unserer Seelenbilder Verknüpfungen zu
finden,
leere Stellen auszumalen,
Brücken zu finden von scheinbar nicht zusammenpassenden Teilen
Mich selbst zu erweitern im achtsamen Austausch,
neue Qualitäten, neue Bereiche von mir erobernd.
Aber ohne das Gefühl von Kampf, sondern mit dem tiefen Vertrauen
ineinander.
Rüstungen nutzlos, Waffen auch.
Wofür auch?
Denn das einfache, klare, ehrliche, von tiefsten Herzen kommende
Wort hat die
stärkste Kraft alle Mauern zu durchbrechen, die noch vorhanden sind,
damit die eigene Schönheit sich zeigen darf.
Innere Landschaften fangen an nach oben zu kommen,
steigen auf aus dem inneren Nebel und lassen erahnen,
was es noch alles zu entdecken gibt im eigenen Seelenbild.
Die eigene Schönheit lässt die Schönheit der anderen und der
Umgebung stärker
hervortreten, lässt mich das Grau des Winters wegwaschen
und gibt den Blick frei auf neue, bunte Wege -
wohin mein Herz mich führt.

Sehnsucht

Ich weiß jetzt, was ich suche.
Ich weiß jetzt, warum ich immer wieder aufbreche, alles abbreche
Und mich weiterbewege.
Warum ich nicht zufrieden im Altbewährten bleiben möchte.

Ich suche die Liebe.
Ich suche die Freiheit.
Ich suche das Leben.

Ich möchte es spüren, erleben, genießen.
Ich möchte sie erfahren die Tiefe, die Weite.
Nicht nur kurz eintauchen,
sondern mich ganz hineingeben.

Ich möchte Dich begleiten auf diesem Weg in die Weite.
Ich möchte Dir beistehen, was auch immer kommt.
Es braucht jemand zum Teilen,
um das Leben zu tragen.
Um Türen zu öffnen, durch die Liebe scheint.

Sei einfach da

Manchmal stehe ich neben Dir
Und weiß nicht,
wie ich mit Dir umgehen soll.
Ich spüre so viel Gefühl, so viel Tiefgang, so viel Feinfühligkeit,
dass ich Angst habe,
ich könnte Dich zerstören, Dir wehtun, Dich verletzen.
Ich fühle mich hilflos neben Dir
Und manchmal habe ich keinen blassen Schimmer,
wie ich für Dich hilfreich sein könnte.
Dann werde ich traurig und ziehe mich zurück.

Hab keine Angst vor meinen Tiefen.
Hab keine Angst vor der Breite meiner Emotionen.
Hab keine Angst vor meiner Empfindsamkeit.
Sei einfach da.
Sei einfach präsent.
Du weißt gar nicht, wie wunderschön Du bist,
wenn Du einfach anwesend bist,
wenn Du nicht wegläufst,
sondern da bist als Rahmen, als Schutz, als Unterstützung.
Du brauchst nichts tun.
Deine Stärke liegt im Dasein, im Raum geben.
Erlebe diese Intensität mit mir und hilf mir sie zutragen.
Das ist das Schönste,
was wir machen können.
Da sein. Zusammen sein.

Selbstaufgabe!?

Was ist das?
Bedeutet Selbstaufgabe,
dass ich jegliche Bedürfnisse für ein gemeinsames Ganzes
hintenanstelle?
Möchte ich unbedingtes Gleichsein, Einssein,
auf einer Welle schwingen in perfekter Harmonie?
Selbstaufgabe heißt:
Ich lasse alle Ideen, Vorstellungen und Glaubenssätze über mich
selbst gehen.
Ich löse mich von allen fixen Bildern,
die ich von mir habe
und lasse mich dann überraschen von dem, was übrigbleibt.
Was bleibt?
Was ist das, wenn mein Korsett wegbricht?
Es kann alles sein.
Wild, impulsiv, ruhig,
die ganze Palette,
Nicht immer im Gleichklang, weil der manchmal nicht angesagt ist.
Aber frei, vielseitig und überraschend.
Und vielleicht ist das ja eher mein wahres Selbst.
Undefiniert, weit, facettenreich

Sichtbarkeit

Der Punkt ist erreicht.
Die innere Füllmenge an Informationen abgedeckt.
Alles drängt nach außen.
Ich war lange genug unsichtbar, genügsam, angepasst, bequem,
klein, unauffällig, still, Harmonie suchend.
Aber das geht jetzt nicht mehr.
Ich habe etwas zu sagen.
Ich habe etwas klar zu stellen.
Ich habe eine Botschaft, die wichtig ist, nicht nur für mich.
Ich werde Mauern durchbrechen.
Ich werde Meinungen zerstören.
Ich werde an eingefahrenen Mustern rütteln.
Die ruhige Zeit ist definitiv vorbei.
Es ist an der Zeit, sichtbar zu werden,
um Überholtes endlich dem Feuer zu übergeben und Platz zu
machen für Neues:
Neue Seiten,
neue Möglichkeiten,
neues Leben,
kreative Ideen,
neue Menschen,
neue Projekte.
Tatatata!!!

Sprachlosigkeit

Da stehe ich nun – öffne den Mund – warte – und schließe ihn wieder.
Worte bleiben stecken – haben keine Kraft hervorzukriechen – bleiben ungehört

Zorn - Wut - Hass - Trauer - Angst - Freude - Liebe - Eifersucht - Neid

Die gesamte Palette tobt nur in mir und findet keinen Weg nach außen.
Verzweifelt, suchend nach dem Ausgang
Dem Ausgang aus der Sprachlosigkeit
Wo ist der Hebel, der meine Gefühle nach außen bringt?
Damit Du endlich erkennen kannst, was in mir tobt und raus möchte.
Damit Du endlich eine Möglichkeit hast, mich zu verstehen.
Zu verstehen, warum ich gerade so bin wie ich bin.

Wenn alles aber nur lautlos verstummt,
woher sollst Du erahnen, was mich bewegt.
Denn Deine Gedanken erfassen nur einen Teil von dem, was gerade ist.
Ich brauche meine Stimme, um mein Inneres endlich nach außen zu bringen.
Innen und außen miteinander zu verbinden und hörbar zu machen.

Sternenkind

Sterne faszinieren mich,
verzaubern mich,
leiten mich,
berühren mich.

Jedes Mal neu und doch uralt.
Ich weiß nicht richtig warum,
kehre aber immer wieder zu ihnen zurück und suche.
Suche nach etwas Altem, Uraltem
Nach dieser Verbindung zu den Sternen.
Eine Verbindung, die alle Grenzen, Nebel und Galaxien durchdringt.
Ich weiß um diese Verbindung.
Bin mir ihrer bewusst,
auch wenn ich sie noch nicht sehen kann.
Es gibt sie diese Verbindung
zu den Sternen, meinen Sternen.

Heimatort, Ursprungsort, Zielort
Quelle und Meer zugleich

Und doch auch in mir
Denn ich trage mein Sternenlicht auf meiner Reise mit mir.
Und manchmal, wenn ich einem anderen Menschen in die Augen
schaue
Und seine Augen leuchten,
erkenne ich es wieder – das Sternenlicht.

Stürmische Zeiten

Großer Aufruhr im Gefühlsleben.
Kein Blatt bleibt auf dem anderen.
Das unterste wird nach ganz oben geholt.
Alles wird umgedreht, angeschaut, sucht sich neue Plätze.
Wildes, buntes Durcheinander und ich bin mittendrin.
Ich liebe es, wenn der Wind Bewegung in die Dinge bringt,
Den alten Muff verscheucht
Und es nach feuchter Erde riecht.
Erdig, würzig, voll
All das ist in diesem Jahr gewesen.
All das ist in diesem Jahr passiert.
So viel hat sich geändert.
So viel hat sich entwickelt.
So viel möchte sich noch entwickeln.
Herbst ist Reifezeit - Füllezeit- Gefühlezeit
Voll, satt, kunterbunt
Wie das Jahr, durch das ich bis heute gegangen bin.
Ich genieße den Sturm.
Ich genieße alle Elemente, die er mit sich trägt und auch den Weg
frei fegt zur Ruhezeit -Entwicklungszeit –stille Zeit mit Ewigkeit

Sucht

Sucht, sucht, sucht!
Wo denn bitte schön?
Nebelig ist es hier, unklar, diffus.
Benommen irre ich durch die Gegend.
Klare Gedanken sind schwierig.
Alles dreht sich um mich herum.
So viele Informationen, Eindrücke,
die mehr verwirren als helfen.
Ich kann mich noch mehr betäuben,
um dieser Unklarheit zu entfliehen.
Aber auf Dauer nützt es nichts.
Also, stehenbleiben, nichts tun, nichts suchen!!!
Einfach nur dasitzen, atmen, sein.
Ich betrachte die Verwirrtheit, schaue, wo sie herkommt und lasse
sie gehen.
Ich beobachte die Unklarheit, die Zweifel, das Ringen
Akzeptiere sie und lasse Ruhe einkehren.
Das Karussell stoppt, hält an und zerfällt in seine Einzelteile.
Und ich erkenne, das ganze Irren geschah nur an der Oberfläche.
Fällt das Karussell weg, kommt mein ursprüngliches Sein zum
Vorschein.
Einfach so, da seiend, von Anfang an.

Superwoman ist müde

Ich bin der Thermomix unter den Frauen.
Ich bin vielseitig, rührig und ständig in Bewegung.
Ich kann fast alles und mache fast alles.
Vor allem aber allein. Ich möchte die Welt retten.
Ich bin Jeanne d'Arc, die unermüdlich Kämpfende.
Unterstützern traue ich nicht über den Weg.
Ich vermute überall Aspekte, die zum Zusammenbruch des Systems
führen, wenn ich mich darauf einlasse.
Deswegen mache ich selten Pause,
delegiere nichts und trage alles allein.
Der Grund für dieses Verhalten liegt im nicht vorhandenen
Vertrauen.
Ich lasse mich nicht tragen, weil ich dieses Gefühl nicht kenne.
Ich habe es noch nie gespürt, weiß nicht, wie es sich anfühlt.
Ich bin des ständig wachsam Seins müde.
Ich möchte nicht mehr ständig angespannt die Stellung halten.
Ich mache mich auf den Weg zum Vertrauen,
gehe damit in Kontakt und lasse mich immer mehr tragen.
Unnötige Spannung und Ballast gebe ich hierbei ab.
Ich werde leichter, je mehr ich mich tragen lasse.
Paradox, aber real.
Mein Leben wird leichter, fließender, runder
Und viele Dinge ergeben sich fast von allein.
Meine Anstrengung darf gehen und ich darf freudig daran teilhaben
wie sich mein Leben entwickelt als bunte Verknüpfung von
vielen Menschen, Situationen, Emotionen, Reaktionen, Positionen.
Und dann darf ich einfach nur Frau sein, Mensch sein.

Teppich des Schweigens

Groß, bunt, schillernd
Die Oberfläche glattpoliert
Trete ich nach außen
Für jeden die passende Farbe, das was ihm gefällt.
Überall stimmig, höflich und freundlich.
Doch unter dem Teppich,
da sammeln sich fröhlich die Sorgen und Ängste,
von denen keiner weiß.
Die trag ich nur mit mir,
verpack sie im Inneren.
Hab nie gelernt, sie nach außen zu bringen.
Das krieg ich schon hin.
Das krieg ich getragen.
Auch wenn ich fast krieche,
ich gebe nicht auf.
Denn für mich ist es eine Ehre, die Last hier zu tragen.
Das Leben verlangt es, haben alle gesagt.
So trag ich die Lasten, Jahre um Jahre.
Bewegung wird schwierig. Zum Ausruhen verdammt.
Erst jetzt kapier ich:
Das muss ich nicht machen!
Ich darf Sorgen teilen und Ängste auch.
Ich kann diesen Teil zeigen und mich endlich erlösen von uralten Lasten.
Ich brauch sie nicht tragen.
Komm endlich zum Frieden und spüre die Stille.

Transformation

Auf meinem Weg habe ich viel aufgenommen und gesammelt.
Ich bin gewachsen,
an meine Grenzen gekommen
und habe in diesem Zustand ein Ende erreicht.
Ich habe alles nach innen getragen,
geschmolzen und gewandelt.
Jetzt wird die Schale eng,
das Korsett zu klein und etwas Neues möchte sich zeigen.
Hierfür brauche ich all meine Kraft,
um meine alte Hülle abzustreifen,
um jedes Teil dieses Panzers loszuwerden.
Ja nicht aufgeben.
Ja nicht nachlassen.
Langsam, aber entschlossen bahne ich mir den Weg aus der alten Schale,
lege sie ab und entfalte vorsichtig meine neue Form.
Bunt, vielfältig, zart,
aber stabil genug zum Fliegen.

Trennungsschmerz adieu

Zerrissen fühlt es sich an, orientierungslos.
Lauter kleine Teile ohne Gesamtüberblick.
Sinnlosigkeit begleitet den Tagesablauf.
Hoffnungslosigkeit inmitten des Chaos.
Ich habe den Überblick verloren in diesem Durcheinander.
Ich merke, dass ich Dich brauche.
Ich merke, dass Du notwendig bist,
um die größere Ordnung wieder erkennen zu können.
Ohne Dich versinkt alles in der Planlosigkeit und dümpelt vor sich
hin.
Ich lasse meine Arbeiten ruhen.
Ich mache mich auf die Suche nach Dir, in mir.
Wo bist Du in mir?
Ich mache mich auf die Reise in meine Tiefe,
nach unten, ganz nach unten, immer tiefer in meine Mitte,
zu meinem Ursprung, zu meinen Wurzeln.
Ich brauche genau diese Energie,
um wieder einen klaren Kopf bekommen zu können,
um klare Entscheidungen treffen zu können
und um darauf Handlungen aufbauen zu können.
Ich komme Dir näher.
Ich spüre Dein Pulsieren.
Ich spüre Deine Wärme.
Und lasse mich fallen in Dich, meinen Ursprung.
Verschmelze und werde eins.

Unabhängigkeit

Ein klarer Schnitt
Und dann ist es geschafft.
Meine Nabelschnur ist durchtrennt
Und ich bin unabhängig.
Unabhängig von
meiner Herkunft,
meiner Vergangenheit,
meiner Geschichte,
meinen Vorlieben,
meinen Ängsten,
meinen Schatten,
meinen Illusionen,
meinen Wertungen und Einteilungen.

All das bin ich und auch wieder nicht.
Ich kann es betrachten, reflektieren und auch wieder verlassen.
Ich klebe nicht mehr daran.
Ich kann es nutzen, wenn es wichtig ist.
Ansonsten kann ich es beiseiteschieben
Und das Leben auf eine ganz neue Art und Weise betrachten.
Unabhängig, variabel, vielfältig
Und so habe ich die Möglichkeit,
ganz neue Handlungsfelder zu eröffnen und zu entdecken.
Frei einzutauchen an den Stellen,
an denen es wichtig ist.

Und jetzt???

Wie soll es weitergehen, nachdem unsere Welt zerstört wurde?
Alle Grundlagen unserer Beziehung einfach verwischt.
Nichts ist mehr Usus, nichts mehr gewöhnlich.
Sprechen unmöglich, Austausch erst recht
Wie soll ich Dir sagen, wie ich mich fühle?
Du bist jetzt wichtig – Ich stelle mich zurück.
Ich diene der Heilung, unterstütze die Schritte.
Langsam und zäh geht es voran.
Ich verschweige die Sorgen, verschweige die Ängste.
Habe keine Ahnung, wie es weitergeht.
Ich übernehme die Pflichten, ordne mich unter.
Ich arbeite mich in alles ein.
Ich trage Dich mit mir, gehe beinah auch unter.
Ich weiß nicht, wie lange ich es noch tragen kann.
Auch ich brauche Hilfe, schaffe es nicht allein.
Und weiß manchmal nicht, ob ich all das noch will.
Kann ich all das ertragen bis zum geschworenen Ende?
Oder sage ich vorher doch eher „Halt"?
Da sind all die Fragen, die ich mir stelle, die in mir toben, jeden
neuen Tag.
Verzweifelt mich fragend nach dem Sinn hier,
muss ich auch schauen, ob ich glücklich bin.
Ich muss auch auf mich achten, darf mich nicht vergessen.
Ich muss mein Feuer pflegen, damit es auch brennt.
Denn ohne mein Feuer, gehe ich langsam zugrunde.
Deshalb achte ich beides: Dich und auch mich.

Verbindungen

Wenn wir uns nicht zerstören wollen,
müssen wir entdecken, was uns verbindet.
Denn es gibt diese gemeinsame Verbindung zwischen allen Teilen.
Ich muss jedoch aus einer Position schauen, die höher ist als die
begrenzte Sicht,
um die Verbindung erkennen zu können.
Ich darf mich nicht in den Kleinigkeiten der Kleinkriege verlieren,
sondern das Auge auf die Verbindungen des Ganzen richten.
Was verbindet?
Was ist allen gemeinsam?
Was ist die Grundlage für alles?
Nur mit dieser Grundlage kann ich wirkliche Veränderung schaffen.
Nur die Grundlage, die zum Schluss übrigbleibt,
ist wirkliche Grundlage und Ausgangspunkt.
Daraus muss Handeln entstehen.
Ich muss mein Handeln hinterfragen und auf die Grundlage
reduzieren,
welche echt und stabil ist.
Alles andere verläuft nur im Sand.

Versteckt

Ich lebe hier schon lange,
versteckt in einer kleinen, dunklen Kammer.
Gut versteckt, damit mich keiner finden kann.
Viele haben versucht, mich zu finden.
Aber sie hatten keine Achtung vor mir.
Sie wollten mich benutzen für ihre Interessen.
Sie wollten schön aussehen, glänzen,
aber nur für sich, für ihren Status.
Dafür bin ich nicht da.
Ich offenbare mich nur in Kombination
mit Selbstlosigkeit und bedingungsloser Liebe.
Ich bin ein Kind der Freiheit, der Liebe ohne Einschränkungen,
der Weite und Tiefe.
Meine Zeit ist jetzt gekommen,
weil es Begleiter gibt,
die mich genauso lieben, wie ich bin.
Die wissen, welchen Schatz sie auf die Welt bringen,
welches Potential in mir liegt
und was es bedeutet Wegbegleiter sein zu dürfen
für dieses kleine, göttliche Wesen.
Als kleine, freie Familie

Vertrauen…spring!

Es war ein langer Weg,
den ich gegangen bin, um jetzt hier zu stehen.
Am Ende meiner bisherigen Welt,
am Abgrund meines bekannten Kontinents.
Hier kenne ich mich aus, hier fühle ich mich sicher.

Aber Entwicklung und das Erfahren von neuem sind hier nicht
möglich.

Ich weiß, dass ich springen werde in das Unbekannte.
Ich weiß, dass mein Weg dort weitergehen wird.
Ich weiß nicht wie, mit wem und was mich erwartet.

Aber ich weiß, dass die alten Muster, Begrenzungen und
Erfahrungen dort nicht mehr mein Leitfaden sind.
Ich richte mich neu aus, denn ohne die Sicherheit im Außen,
kann ich diese nur in mir finden.
Und im Vertrauen auf meinen inneren Kompass stehe ich jetzt hier
und springe…

Vorhang auf – Willkommen im Leben

Hast Du schon mal die Sterne gesehen und Dich in ihnen verloren?
Hast Du schon mal Musik gehört und wurdest mitgerissen?
Hast Du schon mal den Regen auf Deiner Haut gespürt und ihn einfach genossen?
Hast Du schon mal eine Berührung erlebt, die Dich hinschmelzen ließ?

Leben heißt mit allen Sinnen dabei sein.

Ich lasse mich berühren vom Leben,
lasse es durch alle Poren und Wege in mich und durch mich durchfließen.
Ich darf das Leben in seiner Vielfalt spüren, genießen und nach außen tragen.
Ich darf es leben das Leben.

Vorhang auf für den neuen Tag

Wahrheit

Ich suche nicht in meiner Umgebung.
Ich suche in mir.
Ich mach mich voll mit allem, was ich brauche.
Ich fülle mich auf.
Ich konzentriere mich auf mich und
spüre diese Fülle an Energie.
Ich nutze sie, aber zuerst für mich, sonst zersplittere ich mich.
Bleibe ganz. Werde ganz.
Erst dann kann ich kraftvoll nach außen wirken.
Ich fülle mein Herz auf mit warmer, bedingungsloser,
unerschöpflicher Liebe.
Ich bade darin, mache mich voll, sprudle über.

Ich lass es zu. Ich habe es verdient.
Ich selbst bin der Schlüssel zum Glück, zur Wahrheit.
Ich schließe mich auf und suche in mir.
Ruhe in mir.
Nehme mich selbst wahr.

Was bleibt

Wenn Du nicht mehr da bist, was bleibt?
Erinnerungen klar
Aber es bleibt so viel mehr, nicht nur tot, sondern lebendig.
Es ist das Wissen, um die Bedeutung eines liebevollen Blicks,
der so viel vergessen macht.
Es ist das Wissen, um die Macht der Kleinigkeiten, einer Umarmung,
einer kleinen Überraschung, mit der keiner rechnet.
Es ist das Wissen, um die Macht der Worte, die sorgsam gewählt
werden sollten.
Es ist aber auch das Wissen, dass manchmal nicht das Was, sondern
das Wie entscheidet. Die Art und Weise, wie ich etwas sage, schreibe,
weitergebe, berühre.
Das, was zwischen den Zeilen erahnbar und spürbar ist.
Es ist die Sensibilität für schöne Worte, die bleibt.
Es ist die Empfänglichkeit für Musik, die bleibt, die mich erschauern
lässt und bewegt. Ich habe diese Empfänglichkeit durch Dich erlebt
und dadurch bei mir gefunden.
Durch Deine Art der Berührung hast Du mir gezeigt, wie weit mehr es
noch zu entdecken gibt. Du hast mir gezeigt, wie viel mehr ich
wahrnehmen und empfinden kann.
Es gibt Menschen, die kommen und gehen, aber manche von ihnen
öffnen Türen.
Jetzt sind diese Türen auf und ich sehe die Welt bunter und weiter als
zuvor.
Und auch wenn Du gehst, all das bleibt.
Und dafür danke ich Dir.

Was brauche ich wirklich?

Es ist nicht Zeit, was ich brauche.

Zeit ist
ein Trugschluss,
eine Vertröstung,
ein Aufschieben meiner Themen,
eine Ausrede.

Bequem, weil ich ehrlicherweise bisher nicht daran interessiert bin,
bei mir aufzuräumen.
Bisher dienen mir die Erlebnisse meines Lebens als Ausrede,
mich nicht tiefer einlassen zu müssen.

Der Vorteil: Ich bin unangreifbar.
Der Nachteil: Ich bekomme nur wenig vom wirklichen Leben und
seinen Möglichkeiten mit.

Was müsste ich aufgeben?
Meine Bequemlichkeit, meine Komfortzone, meine Angst!

Was ist das Risiko?
Ich werde weicher, verletzlicher, empfindsamer!

Mein Gewinn:
Spüren
Fühlen
Liebe
Leben

Weiblichkeit

Ich bin erotisch, weich,
einladend, dunkel,
warm und geheimnisvoll.
Wenn Du tief in mich eintauchst,
spürst und erkennst Du Dinge,
die Dir vorher noch nie begegnet sind.
Ich bin eine Schatztruhe, unendlich voll und weit.
Aber Du weißt nie, was kommt.
Mein Element ist die Dunkelheit.
Eine warme, feuchte Höhle zum Umfangen
Und sich geborgen fühlen.
Begegne mir mit Respekt
Und ich lasse Dich teilhaben an meinen Geheimnissen.
Stelle Dich Deiner Angst vor der Dunkelheit und begegne mir.
Ich bin die Hüterin und Lenkerin des Lebens.
Ich bin die große Weise,
die bedingungslos Liebende,
die Hingebungsvolle,
die Verführerin.
Mein Repertoire ist groß und variantenreich.
Sei Dir dessen bewusst,
wenn Du in meine Welt eintrittst.
Ich werde Dich wandeln, transformieren, freilegen
Und Deine pure Schönheit an Tageslicht bringen.
Sei bereit und tritt ein.

Weichei

Ich armer Tropf!
Das Leben hat es einfach schlecht mit mir gemeint.
Aus so vielen Gründen kann ich nicht das machen,
was ich möchte.
Meine Mutter, mein Vater,
meine Familie, meine Erziehung,
Bildung, mein kultureller Kontext.
Ach, es gibt so viele Entschuldigungen.
Entschuldigungen, habe ich Entschuldigungen gesagt?
Kleiner Versprecher, peinlich!
Aber ehrlich gesagt, ist es so:
Ich bin bequem.
Ich bin redegewandt.
Ich bin gerissen.
Ich weiß, wie ich um Verantwortung herumkomme
Und mich noch als bemitleidenswert darstellen kann.
Ich bin ein Wolf im Schafspelz
Und keiner merkt es, wie praktisch.
So finde ich auch noch eine Frau,
die ihren Mutterkomplex noch nicht abgelegt hat
und sich um dieses „arme" Exemplar Mann kümmert.
Rechnung aufgegangen.
Eierschaukeln darf weitergehen.
Ganz schön durchtrieben so ein Weichei!
Vielleicht nehme ich doch die 8 Minuten Variante?!

Wertfrei

Einfach mal ganz wertfrei ausgedrückt:
Ich finde es Scheiße, wie Du mit mir umgehst,
wie Du Dich verhältst, was Du gerade machst.
Es vermittelt mir ein Gefühl von Desinteresse, von Eingeschlafen
sein und Stillstand.
Es ist wie eine amorphe, leblose Masse,
was wir gerade leben
und dazu habe ich keine Lust.
Mir fehlt das Leben, die Begeisterung, die Spontanität, die Vielfalt.
Ich habe alles ausprobiert,
was mir möglich ist.
Ich habe von allen Seiten Anstöße gegeben.
Aber es kam keine Reaktion.
Ich kann Dich nicht zum Leben erwecken.
Deinen Schalter kannst nur Du selbst umlegen.
Ich ziehe jetzt meine Konsequenz, ziehe mich jetzt aus Deinem
Leben zurück
Und widme mich meinem Leben.
Ich möchte leben, lieben mit allen Formen,
die sich einstellen möchten.
Ich möchte lebendig mein Leben gestalten.
Mit Freude, Lust und Überraschungen.
Und ganz wertfrei gehe ich jetzt.
Lasse Dich Dich sein.
Und mich mich sein.

Winterschlaf ade

Zusammengerollt habe ich den Winter verbracht.
Ich habe meine Kräfte geschont
Und mich in mich zurückgezogen.
Ein frühzeitiges Herauskommen hätte mir nur geschadet.
Ich kann warten.
Denn ich weiß, wenn die Zeit reif ist,
ist alles vorbereitet.
Dann kann ich mich auseinanderrollen,
aufrichten und meinen Platz einnehmen,
der nur für mich geschaffen wurde.
Ich werde diesen Platz einnehmen mit all der Energie,
die mir zwischen Himmel und Erde zur Verfügung steht.
Ich werde Verbindung sein zwischen all den scheinbaren
Gegensätzen.
Das Eis taut, der Schnee schmilzt
Und ich spüre, wie das Leben in mich zurückkehrt.
Dem Erwachen steht nichts mehr im Weg.

Wirklich(t)

Ursprung meiner Impulse, meiner Handlungen bist Du.
Regelmäßig leuchtend, schlagend, strahlend
Gibst Du Anregungen, Ideen,
die ins Dasein kommen dürfen.
Du bist Quelle all dessen,
was sichtbar wird.
Regelmäßig kreisend gibst Du Orientierung
Wie ein Leuchtturm an wilden Küsten.
Dein Licht ist Wirklicht.
Ein Licht, das anregt zu wirken, zu handeln, zu schaffen.
Ein Licht, das inspiriert zu Taten, Gesten, Projekten.
Taten, die von diesem Licht kommen,
strahlen, wärmen, schützen.
Solche Taten berühren nicht nur äußerlich, sondern auch innerlich
Und helfen dabei, selbst sein Licht zu finden und anzuzünden.
Wirklich.

Einsame Wölfe

Allein, ganz auf mich gestellt laufe ich durch den Wald.
Ich habe einen sicheren Instinkt,
kenne mich aus in allen Gefahren,
Kann überleben, weiß wo ich Nahrung finde, schlafe.
Ich weiß, wann ich angreifen kann und wann ich mich zurückziehe.
Aber immer ist da diese unstillbare Sehnsucht nach mehr.
Den inneren Ruf kenne ich gut: „Da muss doch noch mehr sein."
Etwas, nach dem ich suche, nicht zur Ruhe komme.
Etwas, was meinem Leben einen Sinn gibt.
Damit ich weiß, warum ich hier bin, wer ich bin.
Ich habe viele Wälder, Wege und Jahreszeiten durchlebt,
viele Erfahrungen in vielen Situationen gesammelt.
Und irgendwann treffe ich ihn auf seinen Streifzügen durch die Wildnis:

Ein einsamer Wolf, genau wie ich auf der Suche, allein,
mit all seiner Erfahrung, die er in seinem Leben gesammelt hat.
Beim Blick in seine Augen sehe ich mich.
Ich sehe die gleiche Sehnsucht,
das gleiche Verlangen nach diesem Gefühl endlich anzukommen,
einen Platz im Leben zu finden, zu wissen, warum ich hier bin.
Es ist das gleiche, tiefe Gefühl, das beide vereint, das tief in beiden Herzen entspringt.
Endlich jemanden zu finden, der mich versteht, der meine Reise kennt, weil es auch seine Reise ist.
Endlich etwas wiederzufinden, das beide verbindet, die gesuchte Verknüpfung zwischen mir und meiner Umgebung herstellt.

Unsicher voreinander stehend,
nicht wissend, wie **wir** wirklich sein kann.
Nicht wissend, wie **zusammen** sein kann.
Nicht wissend, wie **individuell** und **gemeinsam** gehen kann.
Sich langsam beschnuppernd näherkommend
und dieses lange vermisste Gefühl wieder spüren:

Liebe

Worauf warten?

Ich warte…
… auf ein bestimmtes Gefühl.
… auf ein bestimmtes Ereignis.
… auf eine bestimmte Situation.
Dann bewege ich mich. Erst dann.
Ich hätte gerne Sicherheit im Leben.
Es soll greifbar, kontrollierbar sein wie eine Konservendose – mit
Haltbarkeit.

Aber so ist Leben nicht.
Wenn Du abwartest, wird es nicht besser, reifer, sicherer.
Es fängt an zu schimmeln, einzugehen, zu vergehen.
Es geht. Einfach so.

Leben funktioniert anders.
Es möchte jetzt gelebt werden, so wie es ist.
So spontan wie es ist.
So überraschend, wie es ist.
Mit Vielfalt, Freude, Lust und Abenteuergeist.

Das Leben bietet die Situationen, die wir brauchen, um genau das zu
erkennen.
Wirf Deine Angst vor dem Leben und seiner Vielfalt ins Feuer und
trau Dich,
ganz hinein zu springen, in Dein Leben.
Es ist nur für Dich da.
Und es wartet auf Dich.

Wissenswert

Ich weiß etwas.

Ich bin Spezialist auf einem Gebiet.

Wenn ich auf Dich treffe, weiß ich,

dass Du nicht denselben Einblick haben kannst wie ich.

Ich kann nicht sauer auf Dich sein, weil Du mich nicht verstehst.

Du kannst mich nicht einfach so verstehen, weil ich ein Spezialwissen habe.

Friss oder stirb, funktioniert hier nicht.

Wie kann ich dieses Wissen jetzt aber vermitteln?

Auf welche Art und Weise kann ich mein Wissen am besten weitergeben?

Wissen verpflichtet.

Es verpflichtet dazu, es dem anderen anzupassen.

Es so zu verpacken, dass es für das Gegenüber greifbar und verständlich wird.

Denn nur ich habe die Möglichkeit das Wissen so zu dosieren und zu gestalten, dass es auch für andere anschaulich wird und Form annimmt.

Immer wieder neu, unterschiedlich und an mein Gegenüber angepasst.

Und dafür trage ich die Verantwortung.

Ziel in Sicht

Ziel in Sicht – aber noch eine ganze Runde vor mir.
Ich habe einen kleinen Einblick in das Ziel erhalten.
Jetzt weiß ich, dass es existiert
und gehe so auf die letzte Runde,
um dort endlich anzukommen.
Das Wissen um dieses Ziel nehme ich mit in diese Zeiten,
wo mir der Weg ewig vorkommt,
ich mich einsam und weit entfernt von diesem Punkt fühle.
Der Schein trügt.
Ich befinde mich auf der Zielgeraden.
Innerlich weiß ich es
Und folge einfach diesem Gefühl,
egal wie das Drumherum aussieht.
Schritt für Schritt
Bis ich angekommen bin.

Zwiegespräch

Ich bin männlich.
Ich bin dominant.
Ich besitze Durchsetzungskraft und werde gehört.
Ich verdiene, baue, erweitere.
Ich jage und sammle.
Das alles kann ich.
Das liegt mir im Blut.
Doch irgendwann kommt der Punkt, da frage ich mich:
Wofür? Warum?
Wofür diese Dinge?
Wofür das Haus?
Wofür das Geld?
Wofür so viel Einsatz?
Die Antwort bleibt aus.
Alle Gründe, die mir einfallen, werden schnell leer und fad.
Also, wofür und bitte etwas tiefer.

Schön, dass Du die Frage stellst
Und schön, dass ich die Möglichkeit habe zu antworten.
Für Dich allein sind alle diese materiellen Dinge nutzlos
und verlieren schnell ihren Reiz.
An diesem Punkt bist Du bereits.
Wenn Du Dein Blickfeld erweiterst, erkennst Du,
wie Du all Deine Fähigkeiten in einem größeren Kontext einsetzen
kannst.
Das Zauberwort heißt Zusammenarbeit:
Entdecke Deine weibliche Seite!

Entdecke Deine Sanftheit, Deine Gefühle und Deine Herzqualitäten!
Diese scheinbar sanften Eigenschaften brauchen genau Deinen
Schutz, Deine Art der Abgrenzung und Darstellung.
Schaffe einen Rahmen für mich,
damit ich mich in Ruhe entwickeln kann.
Grenze all das ab,
was mir nicht gut tut.
Im Zusammenspiel gibt es dann viel zu entdecken.
Ich bin Dein Ruhepol, Deine Oase zum Kraft schöpfen und
auftanken.
Ich bin die Quelle für neue Ideen und Anregungen,
die Du dann in die Welt tragen kannst.
Ich gebe Dir Tiefe und das Gefühl angekommen zu sein.
Und im Austausch von meinen und Deinen Qualitäten wird daraus
ein Ganzes.

Zwischenstopp

Innehalten, ausruhen, verschnaufen
Luft holen, mir Ruhe gönnen,
die Füße hochlegen,
die Seele baumeln lassen
Nichts tun, nichts planen,
einfach da sein, sitzen,
schreiben, lächeln
nichts tun, nur sein

Planen, nein danke!
Jetzt hier sein, ja gerne!

Keine Lust mehr auf Planung,
Choreografie, Programme.
Da-sein. Ich sein. In Ruhe sein.
Alles ein. Alle sein. All-ein-sein